知って自慢できる

日本の鉄道㊙雑学

川島令三

自由国民社

はじめに

鉄道で旅をしていて、こんなものは見たことがないと思うものに出くわすことがよくある。

たとえば東北の雪国を走るＪＲ在来線には、神主が使う榊みたいな標柱が立てられているのをいろんなところで見かける。この標柱が立っている路線はローカル線だけではない。山形新幹線や秋田新幹線にも立っている。

これは何だろう。魔除けかな？といつも思っていた。そんな時たまたま乗務を終えた運転士に、「あれは魔除けか？」と聞くと「うまいこと言うな」と笑うだけで教えてくれなかった。

東北新幹線で大宮駅を発車してしばらくすると進行方向左手に遠くの方に向かう高架線が分れていく。地図や鉄道路線図を見てもそんな線路は記されていない。東北新幹線が開通して間もないころに、この線路を発見して「？」と思ったものである。

東京臨海高速鉄道が開通する前に試乗させていただいたことがある。このとき案内していただいた同鉄道の職員から「この地下線路は地下鉄ではない。地下鉄とは異なって、たとえ蒸気機関車を走らせてもいいように造られています。気動車（ディーゼルカーのこと）も当然走ることができます」と説明された。

このときも「ええ？」と思ったものである。

これら「？」の答はなぜ、そうなのか、こうだからと本文で詳しく述べているので読んでいただければ、納得されると思う。

筆者は鉄道誌の記者として旧国鉄や旧運輸省、はたまた私鉄各社や地下鉄の運輸、車両部門に訪ずれていろいろな事柄を教えていただいた。

とくに国鉄の幹部の方からは、新幹線をはじめ、今ならマル秘扱いで公表しては大変なことになる将来構想も教えていただいた。その構想のための配線略図や車両の図面も公然の秘密みたいなものだからと言われて、いただいた。

しかし、当時はこれらの事柄を記事にしたことは一度もなかった。

それから40年以上経た現在は国鉄が事実上消滅し、相当な時間が経った。今となっては、当時の秘話を配線図や構想車両の図面とともに発表しても、なんら問題にはならない。

本書では新幹線と在来線、そして都市鉄道の3部作に分けて、今まであまり語られてこなかった事柄について取り上げた。

とくに新幹線では国鉄は将来どうするつもりだった。そして現在はどう変化したかを述べた。在来線ではよく語られていた日本一長い駅間について書いた。毎年、更新していくために、あまり語られなくなってきている。その理由はなにか、あるいはスイッチバックをする理由はなにかといった事情、都市鉄道では東京と大阪の環状路線の違いや地下鉄と山岳トンネルの違いとその理由など述べた。

今まであまり語られてこなかった鉄道の秘話や実態、そしてその理由を知っていただいて、本書によって鉄道がもっと身近で楽しい乗り物だと思っていただければ幸いである。

川島令三

第1章

新幹線の㊙雑学

東北新幹線小山駅手前にある謎の分岐線

東北新幹線が大宮駅を出て並行している上越新幹線と分かれ、しばらくすると左手から山側に向かって単線の高架線が東北新幹線から分かれていく。この高架線は一般の地図を見てもなにも書かれていない。東北新幹線の案内図にも載っていない。いったいどこへ向かう線路だろうと不思議に思ってしまう。

実は東北本線の東鷲宮駅に隣接する新幹線鷲宮保守基地への出入線なのである。通常の新幹線保守基地は新幹線本線に隣接して置かれるが、鷲宮保守基地は東北新幹線から約1㎞離れた東北本線に隣接して置かれている。

新幹線で古くなったレールを新しいレ

大宮駅を出発してしばらくすると山側(進行方向左)の窓から分かれていく線路が見える

保守出入線の高架下から見た鷲宮信号場

久喜駅近くの高層マンションから東鷲宮方向を見る。右手前から左にカーブしているのが東武伊勢崎線、左手でその下をくぐる東北本線、奥で左右に横切っているのが鷲宮保守基地出入線

保守基地へは終端でスイッチバックして久喜方向に向かいながら地上に降りる

出入線は鷲宮保守基地の東側で止まっている

東武伊勢崎線と東北本線とが立体交差するあたりの踏切から鷲宮保守基地の久喜寄り端部を見る。右が標準軌、左が狭軌の保守基地引上線。奥に保守基地出入線の高架が見える

右の出入線からの降りてきた標準軌線は引上線でもう一度スイッチバックして、左の狭軌線と合流して狭軌・標準軌併用の３線軌条になってレール積載線に入る。左端の高架線は東北本線上り線、鷲宮駅では上り線が高架、下り線が地平の上下２段式になっている

手前にレール積載線があり、標準軌のレール積載貨車が停車している。その上に門形クレールが置かれ、手前に置かれたレールを吊し上げてレール積載貨車の載せる

東北本線上り線から鷲宮保守基地を見る。奥が出入線とスイッチバックして引上線に入る高架線。右下に狭軌・標準軌併用の３線軌条が見える

鷲宮保守基地周辺の配線図

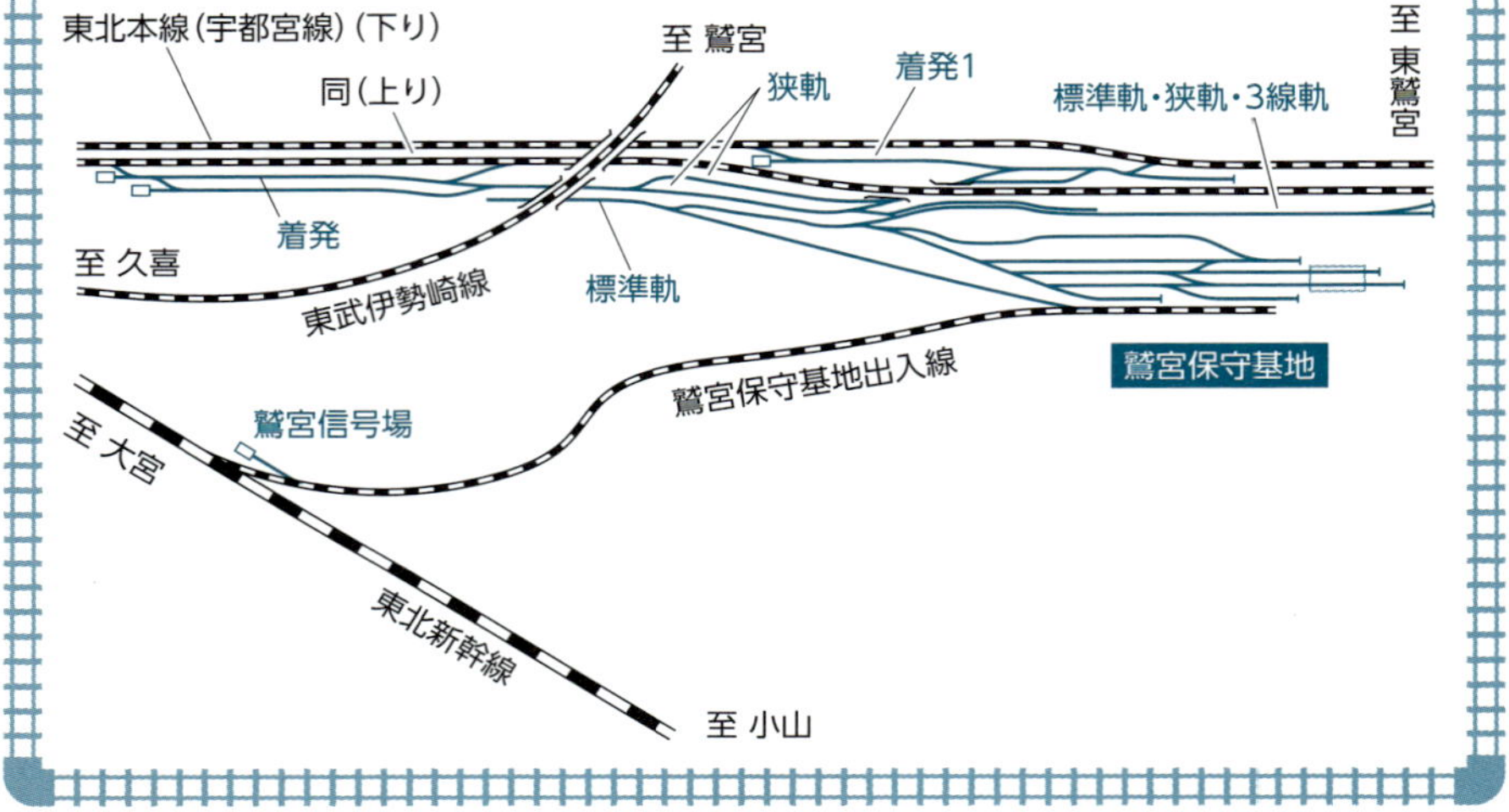

ールへの交換するのは保守基地の役目である。その新しいレールを保守基地に搬入するのは、レール製造工場から在来線を走るレール運搬専用の貨物列車で行うのが簡単である。

多くの新幹線保守基地は在来線と新幹線とが並行したところに置かれている。田端保守基地は田端駅に隣接、小山保守基地は小山駅北方の東北本線と並行している小山新幹線車両センターに隣接している。

しかし、小山保守基地は規模が小さくレール交換機能はない。田端保守基地の次に交換機能があるのは東北本線雀宮《すずめのみや》駅に隣接している宇都宮保守基地である。

田端保守基地と宇都宮保守基地とは離れているので、ちょうど中間あたりにレール交換機能がある保守基地が必要になる。しかし、その中間地点あたりでは東北新幹線と東北本線が離れていて並行していない。少し手前の久喜駅で東北本線と交差しているものの市街地であり、東武伊勢崎線も通り抜けているので、保守基地の用地の確保はできなかった。

そこで久喜駅から一駅先の東鷲宮駅手前に新幹線鷲宮保守基地を設置した。

在来線の貨物列車が保守基地に入線できるようにするとともに、狭軌・標準軌併用3線軌条を設置した。3線軌条には門型クレーンを設けてレールを吊るし上げ、標準軌のレール運搬貨車に乗せ換えができるようになっている。

東北新幹線本線と離れているので、東北新幹線の東京起点50・9㎞地点に鷲宮信号場を設置、鷲宮保守基地までの単線非電化で高架の鷲宮保守基地出入線を設置したのである。

東北新幹線の大宮―盛岡間開業前に東京起点50・8㎞地点から小山駅を通り越して東京起点92・6㎞地点までの42・8㎞は新幹線総合試験線として1977年に先行完成させた。この軌道敷設に鷲宮保守基地からレールが搬入されたのはいうまでもない。

全国新幹線鉄道網が開通したときのモデル車両として961形試験電車が1973年に落成している。961形は東海道新幹線の浜松工場へ搬入された。このときは在来線を甲種鉄道車両輸送（甲種輸送）で通ることになった。新幹線の電車の幅は在来線よりも500㎜も広いために、各駅を通過するときは車体を浮かすか、片方に傾けるかしてホームに当たらないようにする。

東海道・山陽新幹線では、すでに営業運転をしているために時速300㎞超えの高速走行試験はできなかった。そのため、東北新幹線の新幹線総合試験線で高速走行試験を行うことにした。

このとき、甲種輸送によって鷲宮保守基地に経由搬入することが考えられたが、線路が輻輳《ふくそう》する首都圏の在来線を幅広い新幹線電車の甲種輸送を行うのは難しい。

ということで、トレーラーに車体を載せる陸送によって小山基地に搬入された。そして1979年12月に961形試験電車は時速319㎞を出して電車列車として当時において世界最高記録をマークした。

国鉄は寝台夜行新幹線を走らせようとした

1960年代後半に政府が構想した全国新幹線鉄道網が完成したときに備えて、国鉄は前項で述べた時速260㎞で走る961形新幹線電車の試作車を製造した。961形は1973年に完成したが、その前の1969年に951形試験電車が登場している。

当時、山陽新幹線が建設中で、同新幹線は時速250㎞運転をすることで、東海道新幹線よりもカーブを緩くして設計された。250㎞でずっと走り続けるには+50㎞程度の300㎞で走ることができないといけない。事実、東海道新幹線ができる前の1000形B編成はモデル線（神奈川県内の現東海道新幹線鴨宮—綾瀬間）で256㎞を出して、210㎞で安定して走ることができた。

しかし、951形は1972年に時速286㎞を出したが、それ以上の速度は出せなかった。あきらかに出力不足だったのと2両編成では安定して高速運転をしにくかった。

961形はさらに出力を高めた。東海道新幹線電車の1個当たりのモーター出力は185kW、951形は250kWにアップしていた。961形はさらに275kWにし6両編成と長くした。

また、全国に新幹線が整備された場合、長時間運転になることから、食堂車や寝台車、個室が必要になる。そこで3号車を食堂車とし、4号車では各種のアコモデーションを組み入れた車両にすることで設計された。

1973年当時、山陽新幹線の新大阪—岡山間が開業していたものの、東京—岡山間は最速で4時間10分の所要時間だった。列車内供食サービス

鳥飼基地に留置されている951形（手前）と961形

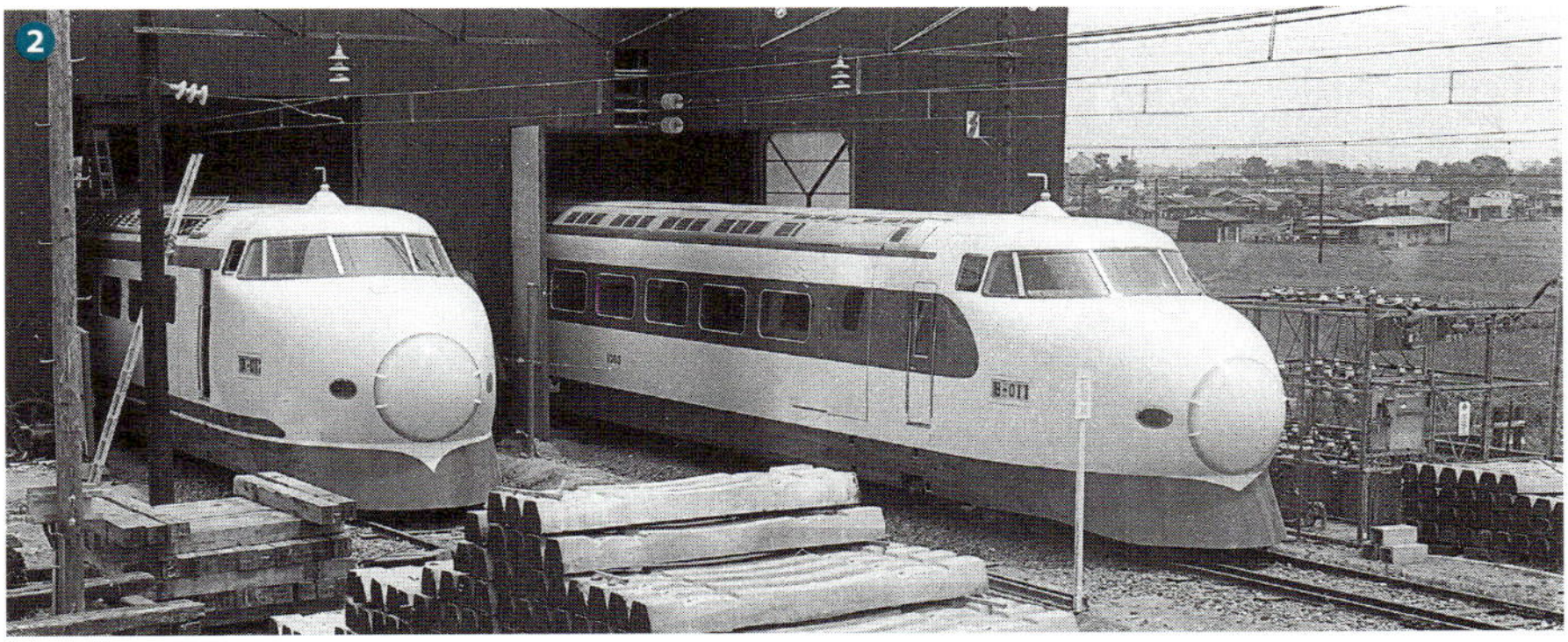

鴨宮基地に留置している1000形A編成（左）とB編成（右）

登場したてでまだ営業に入ってない時代の36形食堂車。右側（山側）に通路があり、そこから見られないように窓がなかったが、これでは富士山が見えないとの苦情で通路との間に後日窓が設置された。奥にはソファタイプの席がある

961型試作電車6両編成図

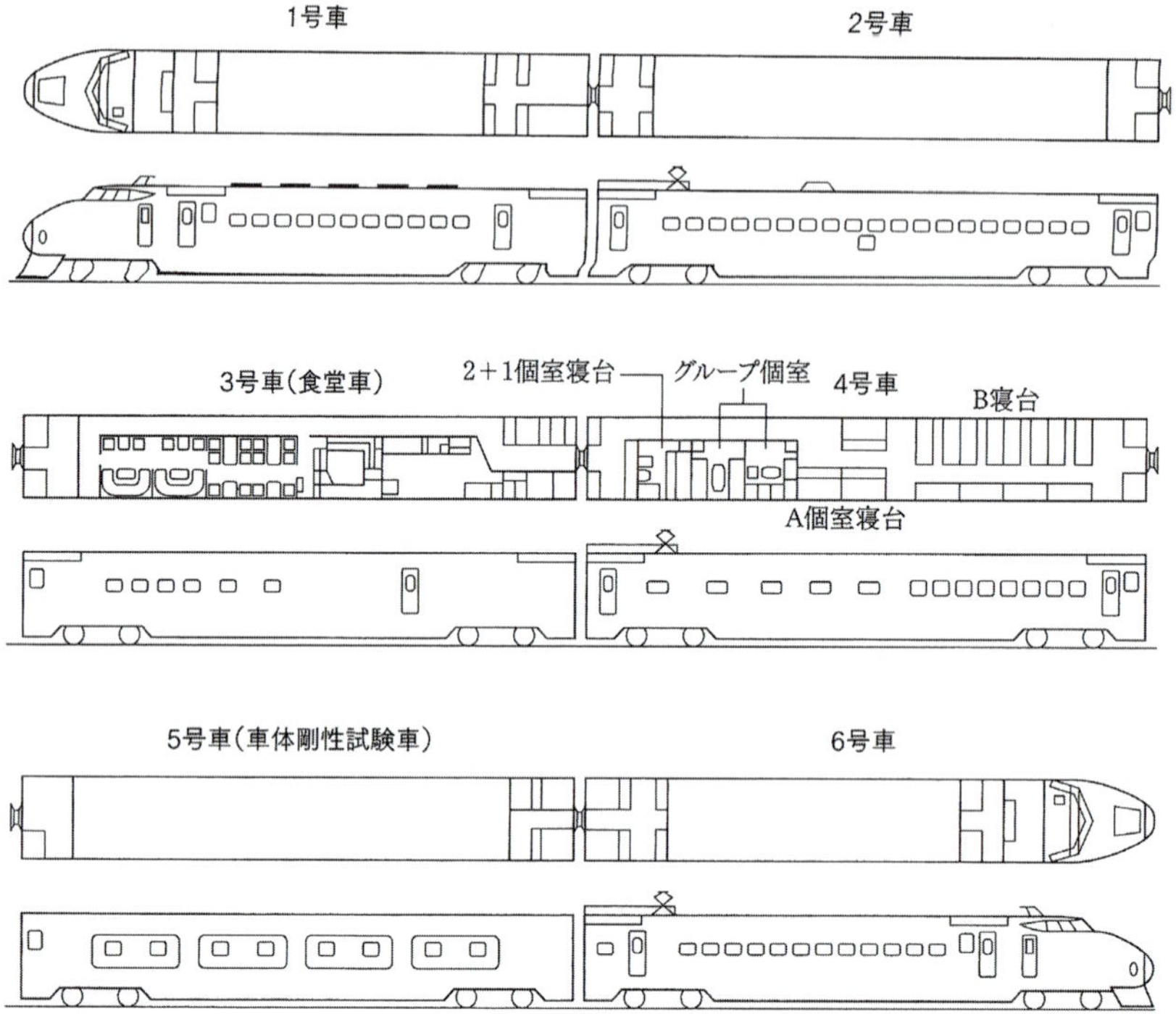

寝台配置図

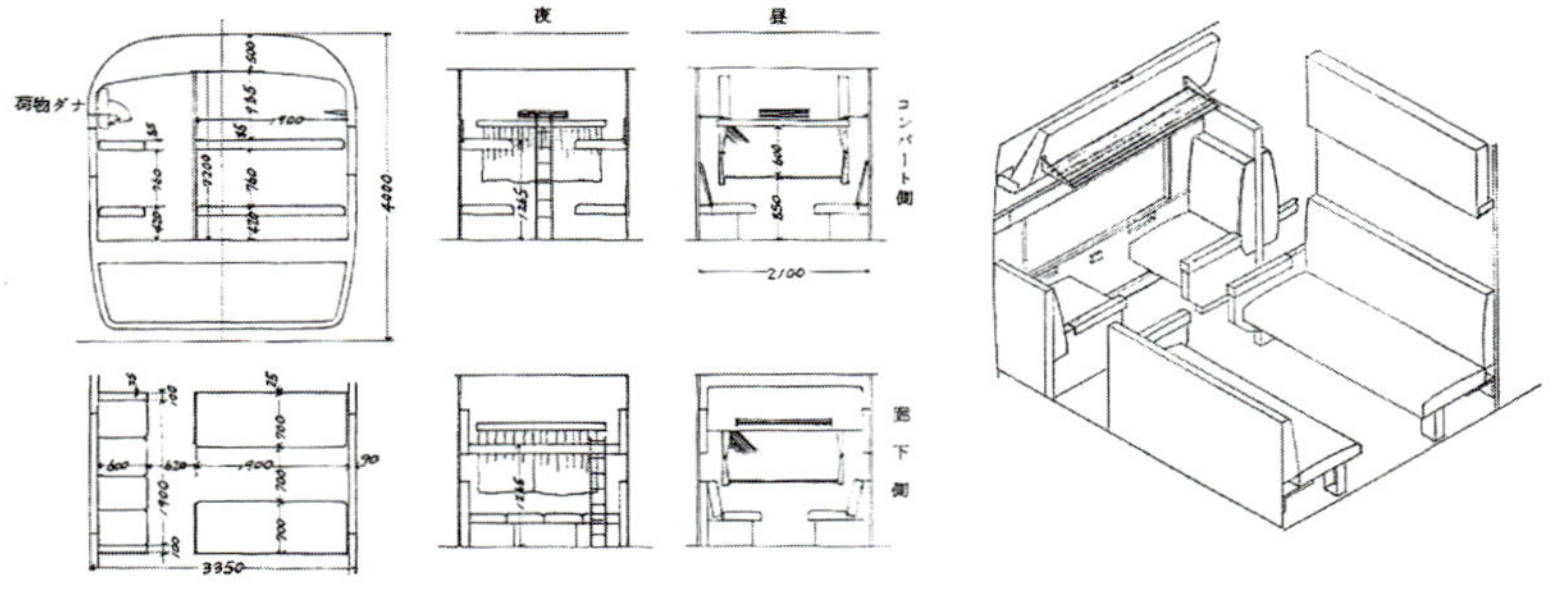

はビュッフェと車内販売で事足りるとして食堂車は造られていなかった。しかし、博多まで開業すると東京―博多間は7時間弱の所要時間になるので、東京―博多間を通しで乗り続ける客は必ず食事の時間帯にかかる。そのため961形では試作的に食堂車を組み込むことにした。

それまでの在来線の食堂車は中央の通路を挟んでの両側に4人掛けテーブルを置くレイアウトだった。これでは食堂車を通り抜ける人がいて落ち着いて食事ができない。

新幹線が開通する前に走っていたビジネス特急「こだま」や「つばめ」「はと」では食堂車を挟んで大阪寄りに各種1等車（現グリーン車）を5両、東京寄りに各種2等車を6両連結してできるだけ通り抜けをしないようにしていた。

車体幅は在来線特急が2900㎜、新幹線が3400㎜なので、961形の食堂車（3号車）は山側に通路を設置して通り抜け客と食事をする客を分離した。さらに食事室は4人掛けと2人掛け、それにコの字形ソファシートを設置するレイアウトにした。

一方、4号車では3人まで収容できる寝台付個室を1室、6人まで収容できる寝台付個室2室を設置した。6人収容の2室は中仕切りがとれるようにして12人のグループが使用できるようにした。

その隣に1人寝台個室2室を設置、中仕切りをとって2人室にすることもできる。次に枕木方向とレール方向を組み合わせた2段式開放B寝台を並べることにした。

1973年に完成した961形に設置されたものの、試作的要素が強く、試験走行を繰り返していた最中のためか、これら諸設備は大々的には公開されなかった。

それよりも同年には1974年の博多開業に合わせて36形食堂車を登場させたので、こちらのほうを大々的に公開した。961形の3号車で試作した食堂車を元に一般通路と食堂室の分離を実現させ、ソファ付食堂席も一番奥に設置した。

4号車に置かれた個室寝台やB寝台についても、騒音問題によって新幹線の夜行運転を中止する方向で進めていたので、この点からも公開することをためらったようである。しかし、個室については100系電車で実現している。

961形の先頭車2両は仙台の新幹線総合車両センターの入口の広場に展示されている。ただし、塗色は200系と同じ窓周りはグリーンの帯になっている。しかし、961形は一貫して東海道・山陽新幹線と同じブルーの帯だった。他の車両は廃車されたが、4号車は客室設備とともに残していれば、新幹線にも寝台車を走らせる構想があったことを後世に伝えることができた。返す返すも残念である。

仙台の新幹線総合車両センターの北側にあるPRセンターに保存展示されている961形先頭車2両

まずは東海道・山陽新幹線に夜行新幹線電車を走らせるつもりだった

夜行寝台新幹線電車を走らせることはできなくなってしまったが、山陽新幹線岡山開業時には、将来の全国新幹線鉄道網完成時に夜行寝台新幹線電車の運転が必要になると考えられた。

国によって全国新幹線鉄道整備法（1970）が制定される前の1968年ころに国鉄が構想した全国新幹線網図には北は稚内、東は網走・釧路、西は長崎、南は鹿児島まで建設し、その間の主要都市を結ぶものだった。

このうち、東京—仙台間、東京—金沢—米原間、博多—鹿児島・長崎・大分間、岡山—米子間、岡山—高知間を先行開業するとしていた。

中でも開通した東海道新幹線、建設中の山陽新幹線を骨子に西側を優先することにして、東京から、鹿児島・長崎・大分・米子・高知の5方面の新幹線が開業すると、新幹線であっても時間がかかることから、夜行寝台新幹線を走らせることを構想した。

新幹線では夜間に保守をする。このとき片方の線路の保守を行って、もう片方を線路で夜行列車の運転をすることにした。

そうなると姫路あたりで上下の寝台新幹線電車のすれ違いが必要になる。将来5方面と東京を結ぶ夜行列車を運転することになるから、最低でも5列車のすれ違いが必要になる。これを姫路駅だけで行うのは無理がある。そこで西明石駅と相生駅に新幹線駅を設置して、これに姫路駅を加えて3駅ですれ違いをすることにした。

山陽新幹線新大阪—岡山間配線図

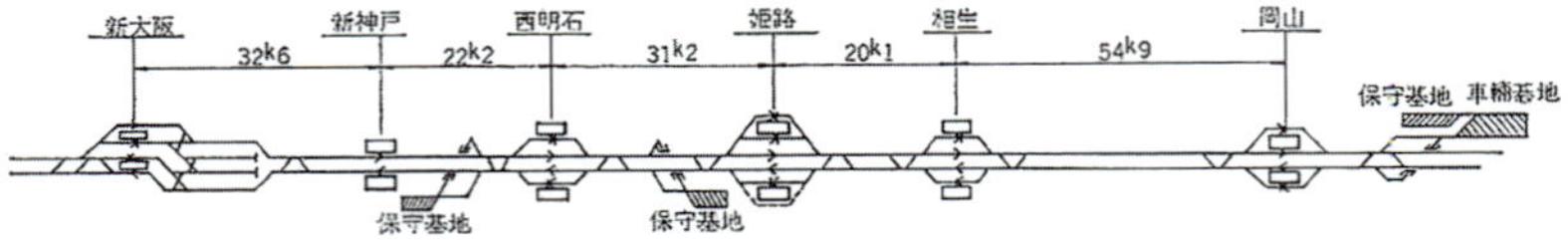

単純に考えると山陽新幹線全線を走る夜行新幹線電車は2往復しかできない。ただし岡山駅で四国・山陰方面は山陽新幹線の3駅で行き違いしないようにすれば、無制限に走らせることはできる。

2往復しか設定できないのを解消するためには2列車を束にした続行運転ですれ違いをさせると4往復の設定は可能である。それでもまだ足りないということで各駅を島式ホーム2面6線にすれば3列車を束にしてすれ違いができて、6往復の夜行列車を設定できる。

しかし、西明石駅では山陽本線と斜めに交差しているために島式ホーム2面6線にする用地を取得するのは大変なので相対式ホーム2面4線にせざるを得なかった。姫路駅は在来線との間にある貨物ヤードを利用できる。相生駅はさほど市街地化されていないので問題はない。

そこで5本束ねた続行運転の列車群と3本束ねた続行列車群を設定して、西明石駅では4線の線路のうち3線に下りまたは上りの行き違い待ち列車を3本停車させ、その間に5本続行の対向列車を次々と通過させるようにした。

これで8往復の夜行列車を走らせることができるとともに、島式ホーム2面6線でなくても片側だけを島式ホームにした2面5線でもすむ。

これによって西明石駅と相生駅は通常の通過線と停車線がある相対式ホーム2面4線、姫路駅は下り線側に第2停車線がある島式ホームにした2面5線として開通させた。そして停車線が分かれる前後に対向亘線《たいこうわたりせん》と背向《はいこう》亘線を設置して行き違い

行き違い時のダイヤ概念図

上下各2列車行き違い（通過線も使えば4列車）

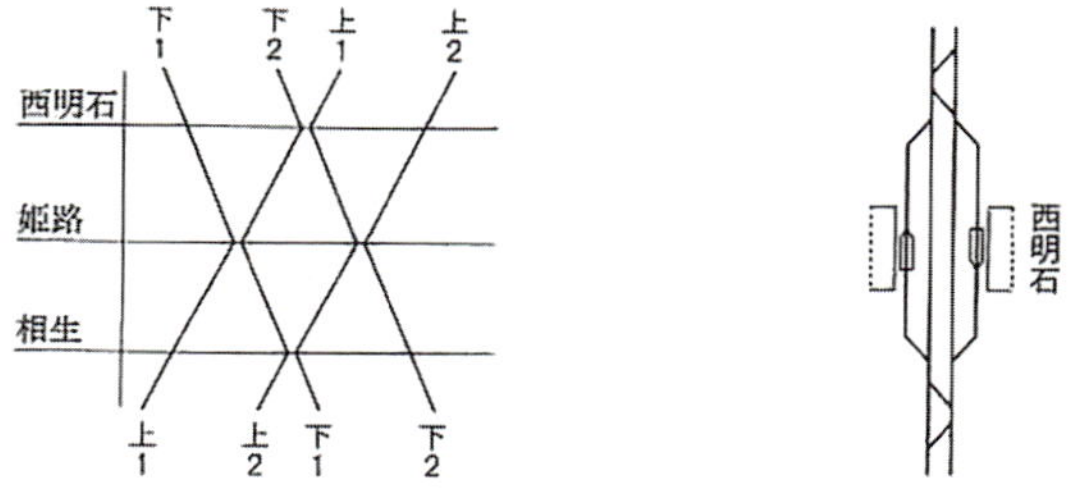

上下各6列車行き違い

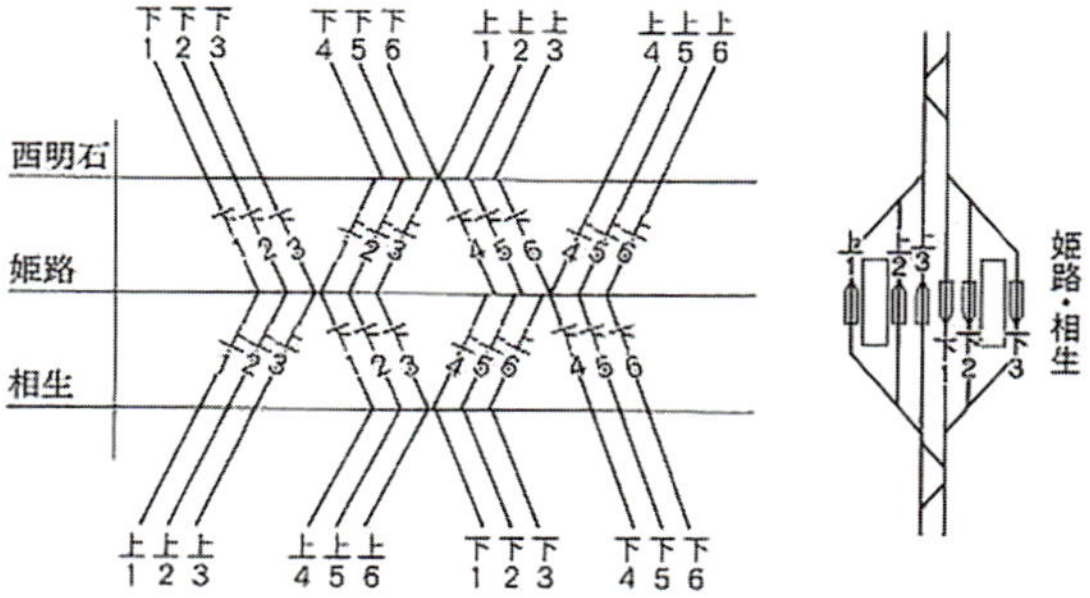

上下各8列車行き違い

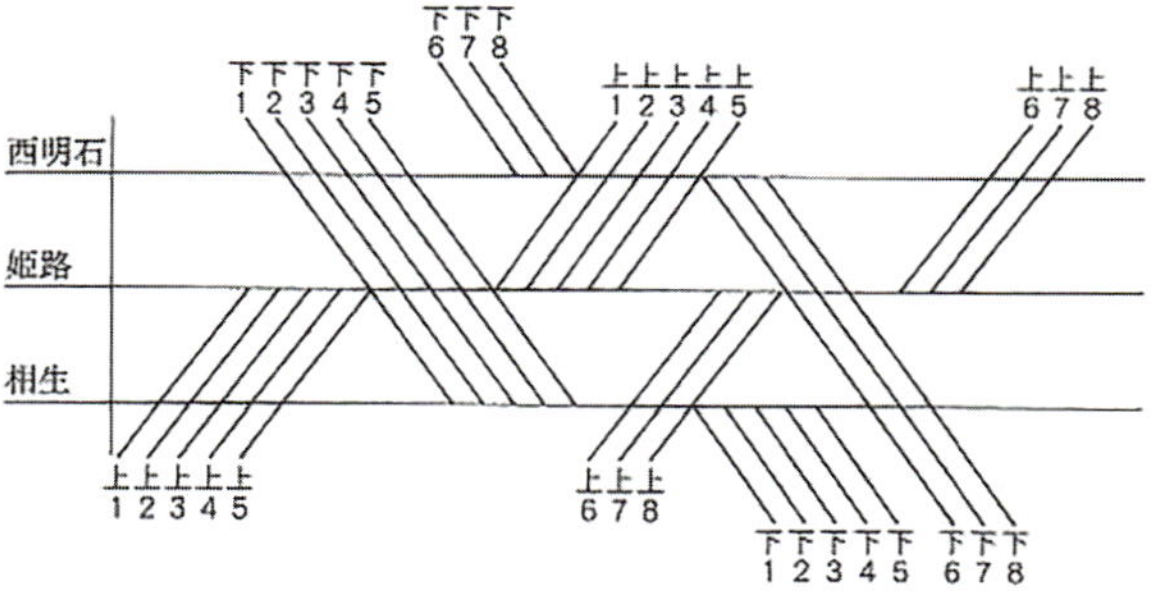

をできるようにした。

とはいえ、姫路駅の上り線側も島式ホームにできるように準備され、相生駅も島式ホーム2面6線にできる構造にすぐにできるように準備されている。6線になれば上下いずれかの列車が長時間にわたって行き違い待ちをしなくてすむし、故障した列車を留め置くこともできる。

とはいえ博多開業時まで間に新幹線の騒音が問題視され、新幹線が走る時間帯は6時から24時までとした。これによって夜行新幹線の運転は中止になった。

現在、山陽新幹線各駅の配線のスリム化がなされ、西明石駅は博多寄りの対向・背行の二つの亘線、姫路駅は博多寄りの背行亘線、相生駅は新大阪寄りの対向・背向二つの亘線と博多寄りの対向亘線、岡山駅の博多寄りの岡山電留線付近にあった背行亘線、新倉敷駅にあった対抗亘線は撤去されている。もう夜行新幹線の運転の芽はなくなったといえる。

今も残る姫路駅下り線の島式ホームと東京寄りにある背向(手前)と対向2つの亘線

国鉄の考えでは東海道では250㎞、他は300㎞で走らせるとしていた

東海道新幹線の最小曲線半径は2500mになっている。この曲線半径で乗り心地を損ねない範囲で理論上の最高速度は257・6㎞である。東海道新幹線以外の他の新幹線の最小曲線半径は4000mであり、最高速度は325・8㎞になる。

そこで国鉄は東海道新幹線では250㎞まで引き上げ、他の新幹線では300㎞にしようとした。

東海道新幹線で250㎞運転はさしたる障害事項はなかったが、300㎞運転では騒音のほかに上下電車のすれ違い時の風圧、トンネル内での走行抵抗（トンネル抵抗）とトンネル突入時に反対側の出口での微気圧波による衝撃音（いわゆるトンネルドン）が問題になった。

上下電車のすれ違いの解決には上下線間の間隔、これを軌道中心間隔というが、東海道新幹線は4・2m、他の新幹線は4・3mにした。これをもっと広げることで解決するが、用地取得費用が上がる。トンネル抵抗とトンネルドンの軽減はトンネル断面積を広くすれば解決する。しかし、そのためには用地と掘削費用がかさむ。

東海道新幹線では大輸送力が必要だが、他の新幹線はそれほど必要ない。そこで1970年に横2&3列の5列をやめて横2&2列の4列にして、300㎞運転の車両の幅を従来の3400㎜（これは左右の標識灯の出っ張りを含めての幅で、実際の車体幅は3380㎜）から3100㎜に狭めた車両を検討した。

車高についても東海道新幹線電車（0系）では

新形旅客電車編成構想図

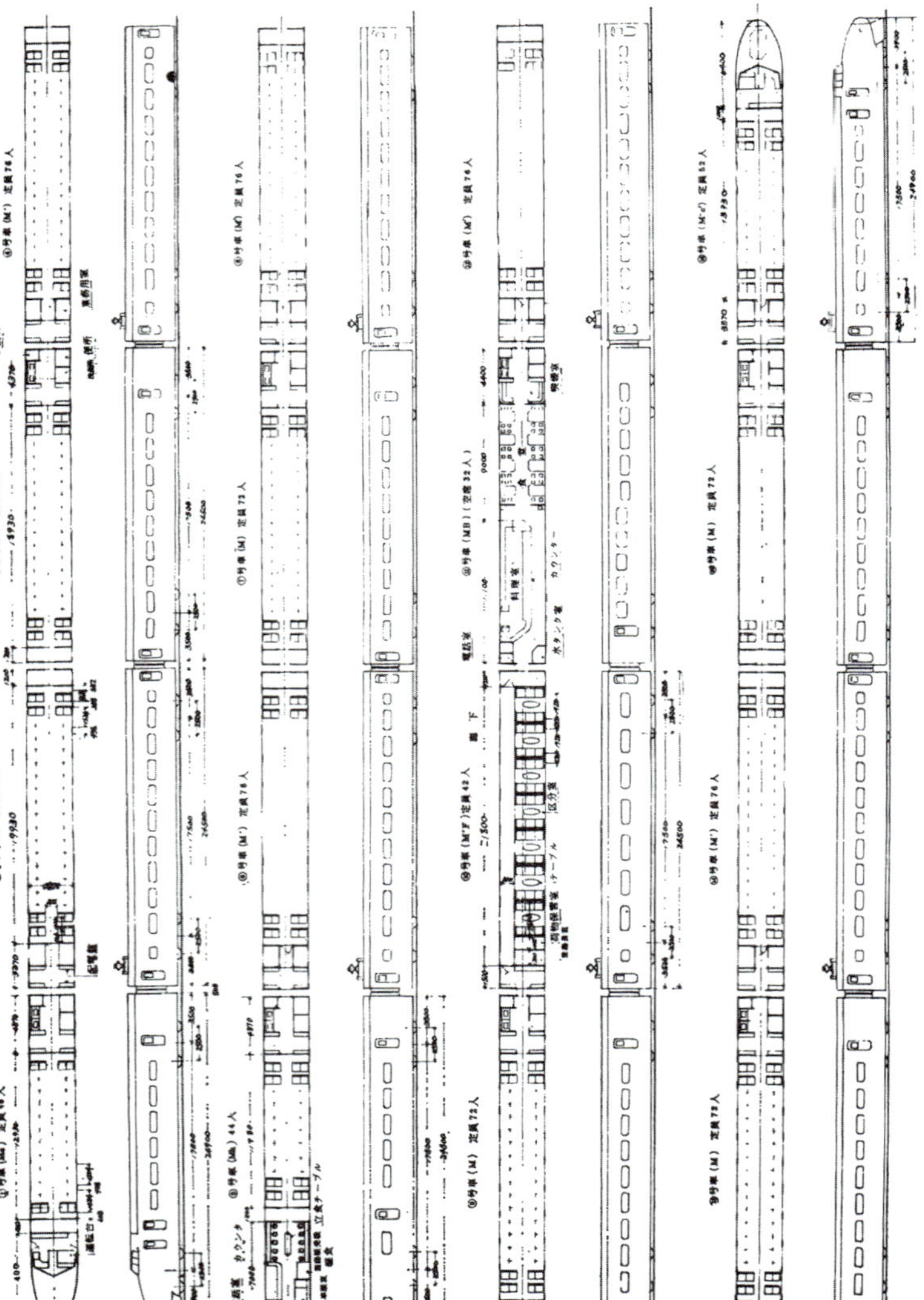

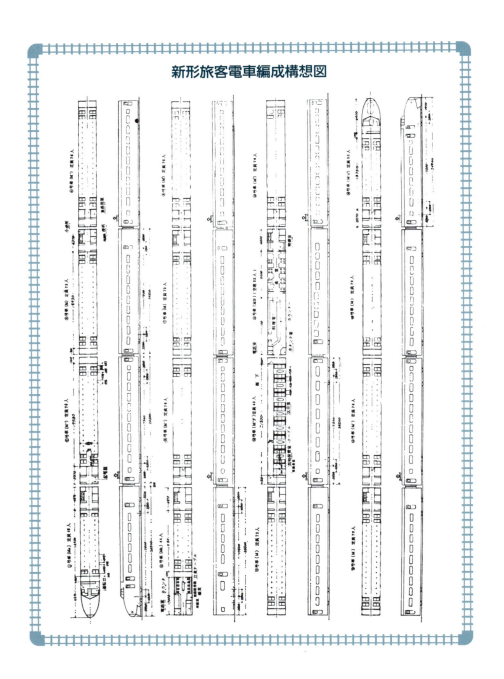

３９７５㎜だが、これを３６００㎜に下げた。こうなると車内の天井が低くなるので、レールから床面までの高さを１３００㎜から１１５０㎜に低くして、車内の床面から天井までの高さを２０９０㎜から２１００㎜とかえって高くした。このためデッキと床面との間に高低差ができるので、当時の小田急ロマンスカーＳＥ車と同様にデッキ付近にスロープを設けることを考えていた。

東海道新幹線と直通する16両編成の全国新幹線電車の図がある。５号車にビュッフェ車、10号車にコンパートメント車、11号車に食堂車が連結され、総定員は１００６人となっている。

０系新幹線電車16両編成は時期にもよるが、千里万博輸送時の「ひかり」16両編成は１４０７人もあって、当時の世界一座席数が多い列車だった。現在のＮ７００系が１３２３人だから大幅に少なくなったが、東北新幹線のＥ５＋Ｅ６系の17両編成が１０６２人だからスリム車両として構想された16両編成はすこし少ないだけである。

夜行寝台新幹線については片方を線路保守に使う単線運転にするので１６０㎞、速くしても２１０㎞くらいしか出さないから、スペースが広くとれる車体幅３３８０㎜のままで設計に入った。幅が狭い昼行新幹線電車は東海道新幹線にも乗り入れ可能とし、寝台夜行新幹線と線路を共用するので、昼行電車については各駅に停車するときに出入口にステップの設置を考えた。

しかし、全国新幹線鉄道網を走行する目的の９５１形、９６１形の車体幅は３３８０㎜のままで登場した。国鉄部内でも３３８０㎜幅の３００㎞走行車両を望む声が大きかったからである。そのため、横5列席と4列席について「スーパーひかり」と称して比較検討を開始した。

微気圧波の軽減についてはトンネル出口にフードを設置することで緩和されることが分かった。ようはピストルに消音機を設置したのと同じ方法である。そこで３００㎞運転を開始した山陽新幹線の各トンネルの入口にフードが設置された。東北新幹線で３２０㎞運転をはじめるときにもっと長いフードを設置した。５００㎞で走るリニア実

新幹線車両の寸法

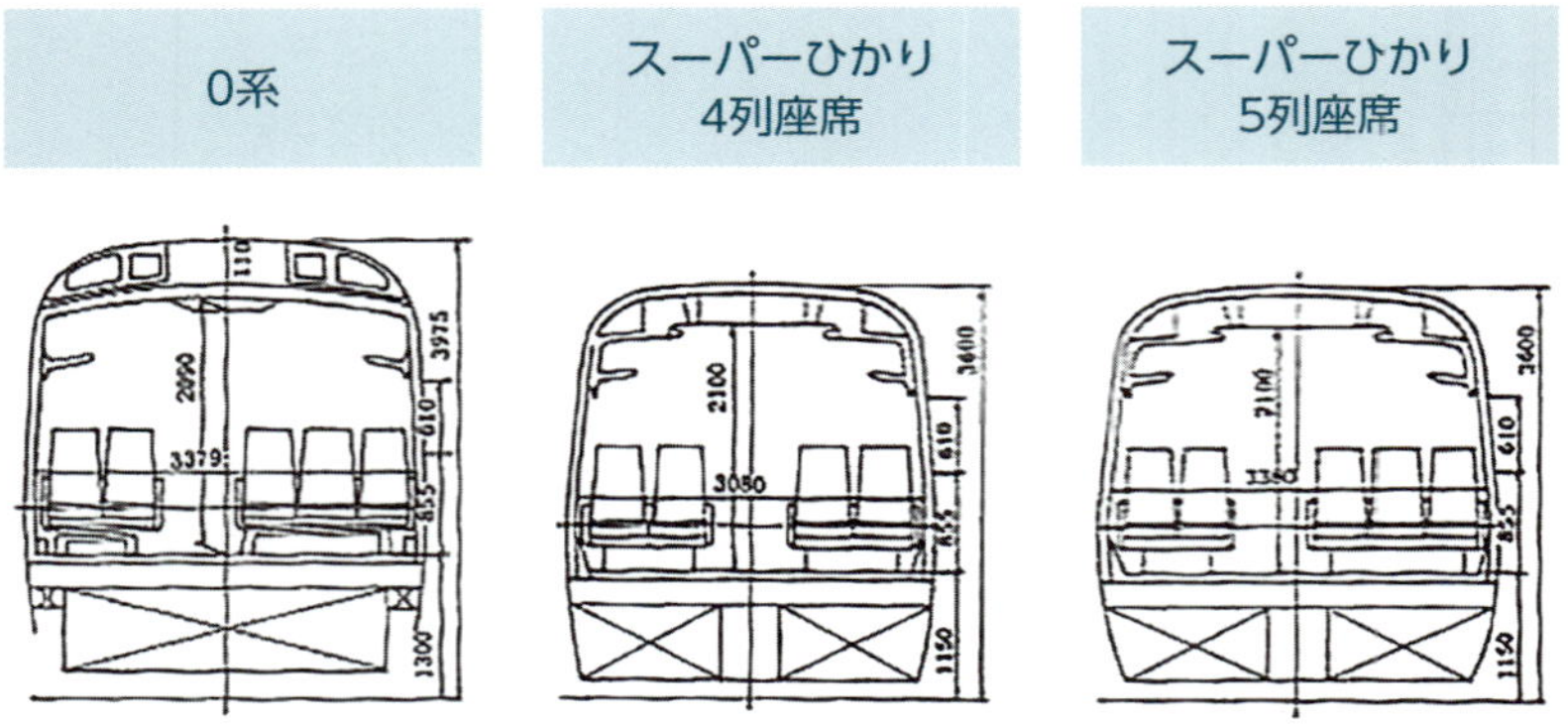

験線では非常に長いフードを設置した。

0系はそのままの形状で最高速度を210kmから220kmに引き上げた（いずれもATCによってブレーキがかかる頭打ち速度）。100系のうち「グランドひかり」という西日本の16両編成はパワーアップして270km運転が可能になるようにしたが、先頭形状は0系よりも先頭形状を鋭くしたものの少し鼻が長いだけなのでトンネル微気圧波を軽減できず実際には230km（頭打ち速度は235km）でしか運転されなかった。

東北・上越新幹線の200系は0系よりも鼻先を長くした。開業時は210km（頭打ち速度）だったが、その後、240km運転を開始した。

上越新幹線の大清水トンネルの新潟寄り下りは12‰の勾配を利用して200系電車は275km（頭打ち速度）を出すようにした。大清水トンネルの途中から275kmにスピードを上げるために微気圧波の発生はない。越後湯沢駅から先湯本トンネルや湯沢トンネルを通るので微気圧波は発生するが、人家が過疎な場所のために問題はなかった。

また、100系と同じ先頭形状の200系が登場し、シャークノーズと言われたが、最高速度は240㎞と通常の先頭形状の200系と同じだった。

東京駅に置かれていたスーパーひかりのモックアップ。のちに300系として登場し、列車愛称も「のぞみ」になった

国鉄時代には、高崎から軽井沢までの北陸新幹線を先行開業させる機運が国鉄部内で高まった。高崎―軽井沢間には碓氷峠あって、どうしても30‰の急勾配ができてしまう。その急勾配を高速で走ることができる新幹線車両の開発が鉄道技術研究所で始まった。

北陸新幹線長野開業区間は国鉄が分割民営化されJR東日本になってからだが、碓氷峠を走り抜ける車両としてE2系が登場した。そのパワー技術を利用して275㎞（頭打ち速度）運転を東北新幹線で行うとともに、JR東海はそのパワー技術を利用して300系を登場させて270㎞（頭打ち速度は275㎞）で走る「のぞみ」の運転を開始した。

先頭形状をシャープにして車体高を低くした300系とE2系は平坦線で275㎞を出すようにした。とはいえ、時速275㎞を超える速度でトンネル進入時の微気圧波の軽減をするには先頭形状の工夫がもっと必要になるとされた。

風洞試験などの結果、先頭車の正面の鼻を長くするとともに、地面近くで大きく立ち上げ、それに続いて立ち上げ量を緩くすることでも微気圧波を軽減することがわかり、700系は下膨れの先頭形状にして山陽新幹線での「のぞみ」の最高速度を285㎞とした。

山陽新幹線で300㎞運転できるN700系は鼻を長く鋭くした。時速320㎞で走るE5・H5系の鼻は非常に長くなった。しかし、先頭車の定員は先頭普通車1号車で29人と非常に少ない。

E6系は新在直通車両のために車体幅は2945㎜しかない。そのため鼻は短く先頭普通車の定員は32人になっている。横2&2列であることを加味してもE5系よりも多い。

E6系は幅が狭いが新幹線走行時の各駅に停車するときはステップが張り出してくるようにしている。

最初に300㎞運転を開始したJR西日本の500系は車体断面を丸くし先頭形状を鋭くすることで微気圧波を軽減している。

0系新幹線電車

名古屋駅を発車した300系電車

岡山駅に進入する100系グランドひかり。2階車両は4両連結されていた

200系は0系よりもややフロントノーズが長い

名古屋駅に進入する700系電車

後期に造られた200系や中間車から先頭車改造した200系は東海道山陽新幹線100系と同スタイルの正面形状になり、シャークノーズと呼ばれていた

米原駅で待避するN700S系「ひかり」(右)をN700A使用の「のぞみ」(左)が追い越している

北陸新幹線安中榛名手前の急勾配区間を走るE2系

大曲駅に停車中のE6系。車体幅が狭いためにフロントノーズはE5系よりも短い

新函館北斗駅に進入するE5系電車。フロントノーズが長いために客室はせまくなっている

決定した新幹線路線網

1970年に全国新幹線鉄道整備法が公布され、1972年に東北新幹線東京―青森間（新青森）、上越新幹線東京（新宿）―新潟間、成田新幹線東京―新東京国際空港間、北海道新幹線青森（新青森）―旭川間、北陸新幹線東京（高崎）―長野―富山―大阪間、九州新幹線鹿児島ルート博多―鹿児島間、同長崎ルート（現西九州新幹線）博多（新鳥栖信号場）―長崎間が建設を開始すべき新幹線鉄道の基本計画路線に取り上げられた。

続いて1973年に北海道南回り、羽越、奥羽、中央、北陸中京、山陰、中国横断、四国、四国横断、東九州、九州横断の多数の新幹線も基本計画新幹線として取り上げられた。

既存の東海道新幹線、当時、建設中の山陽新幹線を加えると18路線もの新幹線を建設することになる。

しかし、現在基本計画で全線開業しているのは東北新幹線と九州新幹線鹿児島ルートだけ、上越新幹線は新宿―大宮間が未開通、北陸新幹線は高崎―敦賀間が開業、西九州新幹線に名を変えた九州新幹線長崎ルートの経由地を変更したうえで武雄温泉―長崎間開業、北海道新幹線新青森―新函館北斗間が開業しているだけである。

また、成田新幹線は基本計画から削除されている。現在、建設しているのは北海道新幹線新函館北斗―札幌間と基本計画新幹線から整備計画新幹線に加えられた中央新幹線品川―名古屋間だけである。

基本計画新幹線の建設は法律的には決まっているが、ほとんどが着工すらされていない、まさに絵に描いた餅である。

四国や九州では基本計画新幹線がなかなか建設されないので、新たな新幹線建設を模索している。

といっても基本計画新幹線の建設が中止されたわけではない。国としてはあくまでも基本計画に則って建設していく方針にするつもりである。

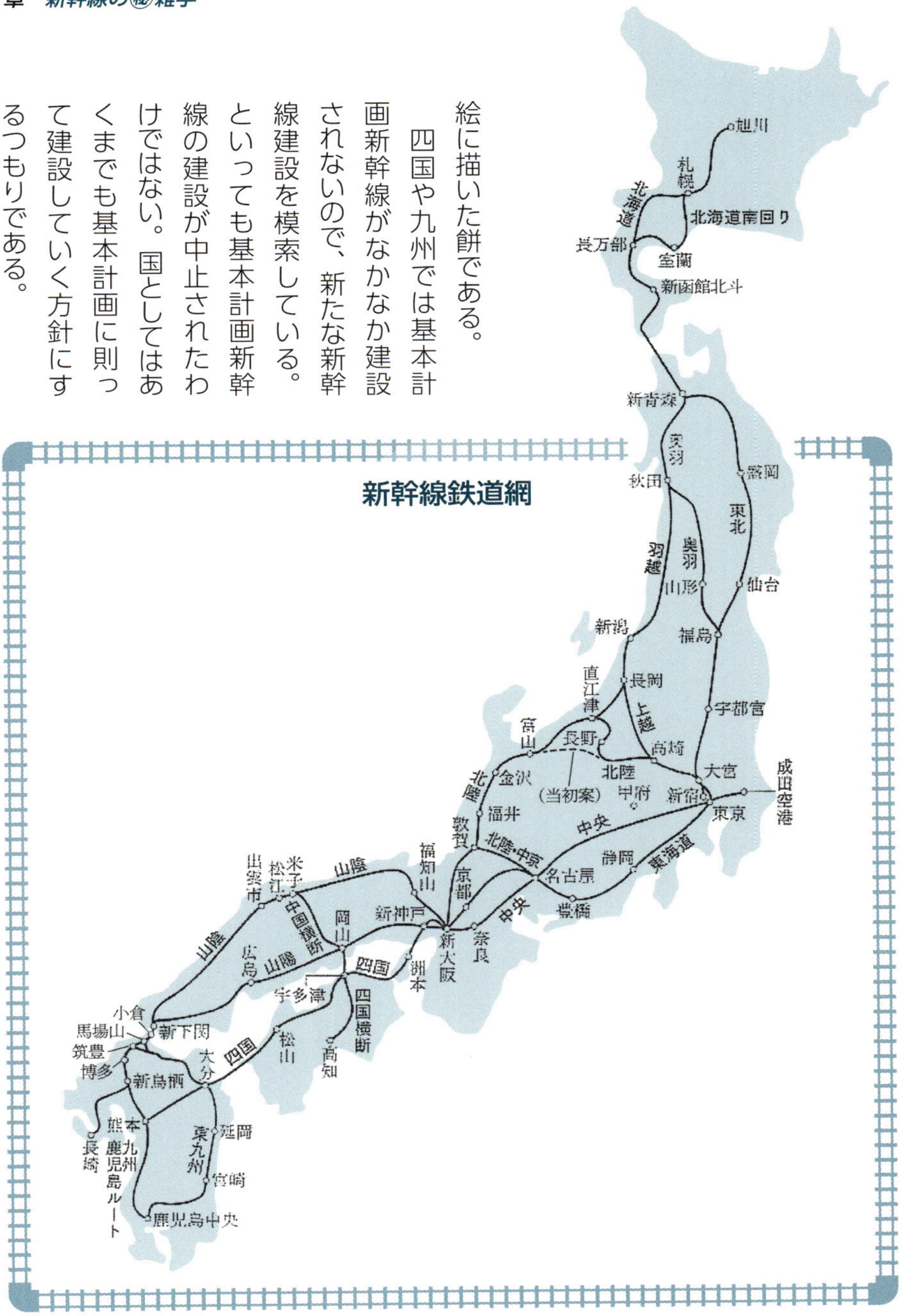

	キロ程(km)	基本計画決定	備　考
	515		
	554		
	669	46.1.18	
	270	46.1.18	
	246	47.6.29	
	66	47.12.12	
	148	47.6.29	
	470	47.6.29	
	211	47.6.29	
	285	48.11.15	
	約35	46.1.18	
	120	47.6.29	
	64	47.12.12	博多―新鳥栖間28.6kmは 九州新幹線鹿児島ルートと重複
	153	48.11.15	
	130	48.11.15	
	180	48.11.15	
	560	48.11.15	北陸新幹線富山―上越妙高間110.0km、 上越新幹線長岡―新潟間63.3km、新潟―車両センター 入口間4.0kmと重複、キロ程は重複区間を含まない
	270	48.11.15	
	50	48.11.15	
	550	48.11.15	
	150	48.11.15	米子―松江間約25kmは山陰新幹線と重複、 キロ程は重複区間を含まない
	480	48.11.15	
	150	48.11.15	
	390	48.11.15	博多―馬場山間38kmは山陽新幹線と重複、 キロ程は重複区間を含まない
	120	48.11.15	

新幹線一覧

路線名		区　間	経由地
営業線	東海道	東京―新大阪	静岡、名古屋、京都
	山陽	新大阪―博多	岡山、広島
	東北	東京―新青森	仙台、盛岡
	上越	大宮―新潟	高崎、長岡
	九州	博多―鹿児島中央	熊本
	九州（西九州ルート）	武雄温泉―長崎	諫早
	北海道	新青森―新函館北斗	木古内
	北陸	高崎―敦賀	長野、富山、福井
工事線	北海道	新函館北斗―札幌	長万部
	中央	品川―名古屋	甲府市
未着工線	上越	新宿―大宮	
整備計画線	北陸	敦賀―新大阪	小浜、京都、松井山手付近
	九州（西九州ルート）	博多―武雄温泉	新鳥栖
	中央	名古屋―新大阪	奈良市
基本計画線	北海道	札幌―旭川	岩見沢
	北海道南回り	長万部―札幌	室蘭
	羽越	富山―青森	長岡、新潟、秋田
	奥羽	福島―秋田	山形、新庄、大曲
	北陸・中京	敦賀―名古屋	岐阜
	山陰	大阪―新下関	福知山、米子、松江
	中国横断	岡山―松江	米子
	四国	大阪―大分	高松、松山
	四国横断	岡山―高知	
	東九州	博多―鹿児島	大分、宮崎
	九州横断	大分―熊本	

国鉄は新幹線車両工場を浜松、博多、仙台に集約することにしていた

絵に描いた餅といわれる基本計画新幹線各線だが、国鉄はそれでも全国に新幹線が開通した場合にどう運用するか検討していた。まずは車両工場をどうするかということだった。

鉄道でいうところの車両工場とは車両を製作する工場ではなく、営業車両を定期的に分解して行う全般検査や重要部検査を行うとともに車両の改造を行う工場のことである。

仕業検査などの検修作業は各地に置かれた車両基地で行われるが、大きな検査や車両の改修は集約した方がいい。

そこで全国新幹線鉄道網が完成したときに備えて、浜松と博多、仙台に新幹線車両工場を設置することにした。

東海道新幹線はずば抜けて車両数が多いので従来からあった浜松工場を新幹線車両専用に拡充する。博多工場は山陽新幹線のほかに九州新幹線（鹿児島ルートと長崎ルート）と山陰新幹線、中国・四国関連の新幹線各線の車両、仙台工場は東北新幹線のほかに北海道新幹線、上越新幹線、北陸新幹線の車両をそれぞれ担当するとした。

東海道新幹線は浜松工場だけではすまないので博多工場でも山陽新幹線に直通する東海道新幹線の車両も担当しても、九州新幹線や山陰新幹線、四国新幹線などの新幹線の車両数はさほど多くないので賄うことができる。

仙台工場も東北新幹線や上越新幹線、北陸新幹線、北海道新幹線と広大な領域の新幹線車両を担

当しても、さほど運転本数は多くないのでやっていけるとした。

そして分割民営化して東海道新幹線はＪＲ東海、山陽新幹線と北陸新幹線の上越妙高―敦賀間はＪＲ西日本、九州新幹線はＪＲ九州、東北新幹線、上越新幹線と北陸新幹線高崎―妙高高原間はＪＲ東日本、北海道新幹線はＪＲ北海道になった。

それでも仙台工場は東北新幹線のほかに上越新幹線、北陸新幹線の全車両を担当している。ＪＲ西日本の白山車両基地でも全般検査を行うようにしたが、今後、車両を改造するなどの必要性が出てきたときにはＪＲ東日本の仙台工場でせざるをえない。

ただし、敦賀駅から新大阪駅まで開通したときには山陽新幹線と接続して、博多工場で改造等の車両工事は行うことになる。

九州新幹線の車両の全般検査については熊本総合車両所で行うようにして、博多工場では行っていない。とはいってもＪＲ九州所属の車両は新しいから博多の工場に入っていないだけで、今後、車両の改造するときは博多工場で行われると思われる。

北海道新幹線の全般検査についても函館総合車両基地で行われるが、大きな改造などが行われるときは仙台工場行われると思われる。札幌にできる車両基地に工場機能を持たせる可能性はどうか。

とはいえ、現状では国鉄が構想していた3工場で全国の新幹線車両の大改修工事を引き受けることについては、ほぼ受け継いでいると思われる。

博多南駅から博多総合車両所の車輪研削庫を見る

山陽、東北、上越の3新幹線にある基本計画新幹線のための分岐接続準備構造

全国新幹線鉄道整備法が公布された1970年以後に着工された山陽新幹線岡山以西、東北新幹線盛岡駅まで、上越新幹線は各線各駅から分岐する基本計画線が建設開始されるときに、できるだけ手戻り工事や用地買収に難航しないように、あらかじめ分岐設備を設置するか用地を確保しておくことにした。

山陽新幹線は新下関駅で山陰新幹線、小倉―博多間にある馬場山地区と筑豊本線交差地点で東九州新幹線、東北新幹線は福島駅で奥羽新幹線、上越新幹線は高崎駅で北陸新幹線、長岡駅で羽越新幹線と分岐合流することになっている。

山陽新幹線の岡山付近で中国横断新幹線と四国横断新幹線、新神戸駅付近で四国横断新幹線と分岐することになったが、新大阪―岡山間は1970年の段階ですでに工事真っ盛りでこれら新幹線との分岐準備設備は設置されなかった。

二つの新幹線が分岐する駅では島式ホーム2面6線の構造をとることにしていた。新下関駅は下り線側にだけ島式ホームがあるが、上り線側にもポッポッと第2停車線の路盤が設置され、明らかに2面6線にする準備がなされている。さらに新大阪寄り上り線側にある引上線が石原トンネル坑口付近まで伸び、下り線の外側にも石原トンネル坑口までの用地が確保されている。

高崎駅では上越新幹線から北陸新幹線が分岐している。国鉄は上越新幹線よりも北陸新幹線のほうを先に開通させようとしていた。ところが『日

本列島改造論』という本を出し、当時の実力者、田中角栄氏によって上越新幹線の建設のほうを優先して建設することになった。

それでも上越・北陸両新幹線が分岐する新幹線高崎駅は上越新幹線開業時にすでに通過線と第2停車線がある島式ホーム2面6線になっていた。さらに上越新幹線から北陸新幹線が分岐合流する地点まで複々線にできるよう用地を確保しようとしていた。

上り東京方面は上越新幹線に沿って北陸新幹線の下り線の用地を確保できたが、下り線側には一部用地の確保ができなかった。

JR化後、すぐに開業した北陸新幹線の上り線は上越新幹線と交差した先で同新幹線と並行している。そこで両新幹線電車が並走して高崎駅に同時に進入することも行っている。

下り線側には用地未買収地があるため、両新幹線の線路を並べることはできない。そこで、分岐地点まで上越新幹線と共用した1線にして、分岐点に38番ポイントを設置して上越新幹線から北陸新幹線へ転線する電車は時速160kmでポイントの分岐側で通過できるようにした。

38番ポイントというのは簡単に言えば分岐側のレールの距離が38m進んで直線側のレールと1m離れる緩いポイントのことである。通常の新幹線には18番ポイント（18m進んで1m離れる）が使われている。18番ポイントの分岐側の制限速度は70kmである。

上越新幹線では大宮駅で東北新幹線、高崎駅で北陸新幹線と分岐合流するだけではない。長岡―新潟―新潟車両基地間では羽越新幹線と共用することになっている。

基本計画新幹線である羽越新幹線は富山―秋田間の路線で、北陸新幹線と奥羽新幹線とを組み合わせて大阪から青森までの日本海縦貫新幹線にすることを目的にしている。

当初、北陸新幹線は長野駅を出てから直接富山に向かうことにしていた。その後、政治の圧力と立山地区の地質の悪さによって飯山市、上越市、糸魚川市を経由する迂回ルートに変更された。そ

長岡駅の下りホームの反対側の壁とホームの間に柵があって、壁を取り除いて第2停車線を設置、島式ホームになるようにしてある

下りホームの両端は狭くなっていて島式ホームにできるようになっている

こで富山—上越市付近間も北陸新幹線と共用することに変更した。

ともあれ上越新幹線を建設するときに長岡駅で羽越新幹線と分岐合流するとして、新幹線長岡駅も、上下線とも第1と第2の2線の停車線がある島式ホーム2面6線にできる構造で建設された。

実際には相対式ホーム2面4線だが、上りホームはあきらかに島式ホームになっていて外側に第2停車線の路盤もある。下りホームも両端部のホームの幅が狭く、中心側も外壁とホームの間に隙間があって島式ホームにする用意がしてあるのがわかる。その外側、下部は在来線の線路やホームが通っている。

在来線側から新幹線の壁などを見ると、第2停車線の路盤を増設できるように準備されているのが見て取れる。

上り線はすでに島式ホームになっていて、第2停車線の路盤が置かれている

上り線の東側に在来線があるが、在来線の上を張り出して第2停車線の路盤が設置できるようになっている

長岡駅の高崎方を見る。第2停車線の路盤はそのまま在来線の上を延ばして羽越新幹線の路盤となって、上越新幹線の下を斜めにくぐって羽越新幹線の下り線と合流して富山方に向かうことになろう

地上から見た羽越新幹線上り線が新幹線の斜めにくぐると思われる空間

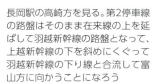

東北・上越新幹線の配線計画の変遷

下の図は上越新幹線が計画されたときの配線図である。上越新幹線は新宿起点だが、当面は東北新幹線に乗り入れて上越新幹線電車は東京駅始終発にして大宮駅まで東北新幹線電車と共用することにした。このため、この図には東北新幹線東京─大宮間の配線計画図も取り込まれている。

これをみると東京駅は島式ホーム4面8線にしている。現在の東海道新幹線の16番線が曲線になって、上野方向で見て左カーブさせて東北新幹線につなげている。現15、14番線と現23、22番線は東北・上越新幹線発着用としている。現17、18、19番線は行き止まり式にした。

東京駅折り返しも可能なように駅の前後にシーサスポイントを配置するとともに、東北・上越新幹線電車は品川の車両基地へ回送して東京駅折返

上越新幹線（東京駅・大宮駅）の当初の配線図

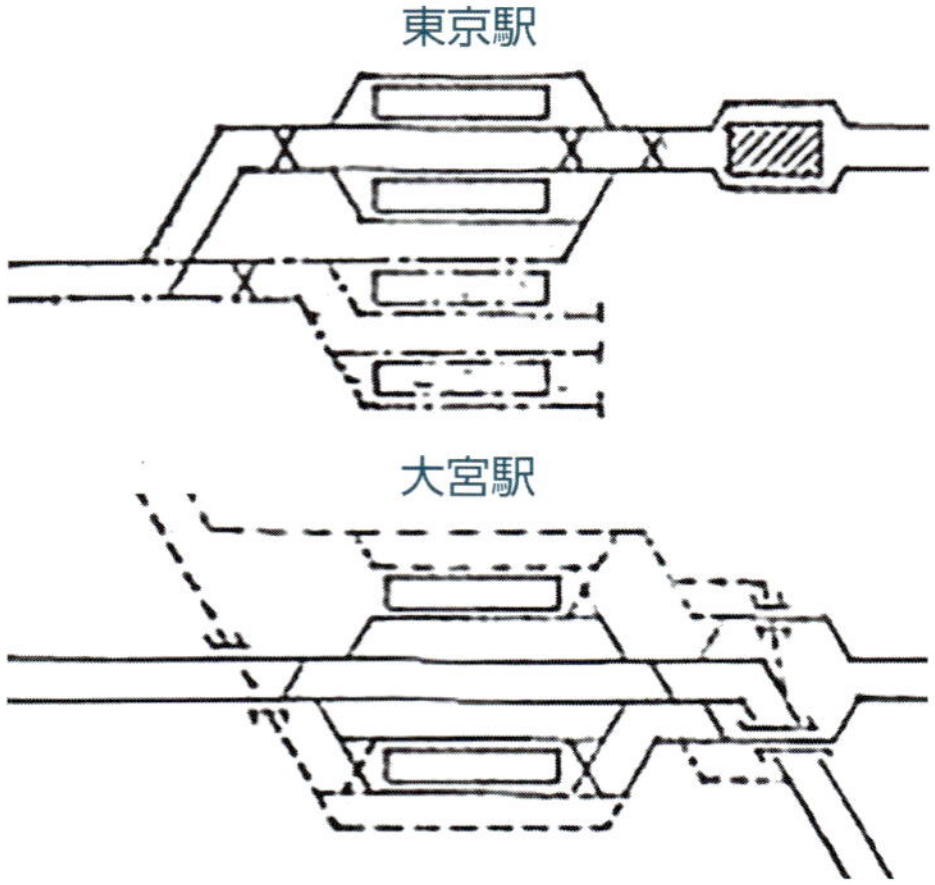

電車は最小限にする。東海道新幹線電車も田端に造る予定の車両基地に回送して折り返し電車を減らす配線にした。

ただし東海道新幹線電車の運転本数は多いので東京駅で折り返し整備をしたり、折り返して品川車両基地への回送もできるようにしたりして現17、18、19番線は東海道新幹線電車専用の発着線にした。

上野駅とは記されていないが東京―大宮間に島式ホーム1面2線の駅を設置することも描かれている。基本的には上野駅だろうが、赤羽駅にするとも考えられていたという。

大宮駅は上り線側を島式ホームにして第1、第2の2線の停車線、それに通過線を置いて上越新幹線電車と東北新幹線電車が同時進入できるようにする。下り線側は片面ホーム1面だけの停車線を設置する。

新宿―大宮間ができたときは点線で記されている線路を設置して下り線も島式ホームにして第2停車線を追加するとともに、上り線も含めて両外側に上越新幹線の通過線を設置する。さらに東京発新潟方面行と新宿発盛岡方面行が大宮駅で同時発車してもぶつからないよう立体交差線を設置する。

北陸新幹線と分岐予定の高崎駅、羽越新幹線と合流予定の長岡駅は下り線側だけに第2停車線を将来設置するとして第2停車線を点線で描かれている。

40ページの図は東北新幹線の決定した配線図である。東京駅は直線になっている現16番線の東北新幹線への接続は無理と判断され、東海道・東北の両新幹線とも島式ホーム2面3線に変更された。そして東北新幹線側が東海道新幹線に直通できるようにして、東海道新幹線電車の大宮以遠への直通を走らせることによって東海道新幹線電車の東京折返を減らすことにした。

上野駅の設置が明記され、同駅も島式ホーム2面4線にし、田端に新幹線車両基地を設置する。大宮駅は島式ホーム3面6線として通過線の設置を中止する。大宮駅の盛岡寄りの立体交差構造の

東北新幹線の配線計画図

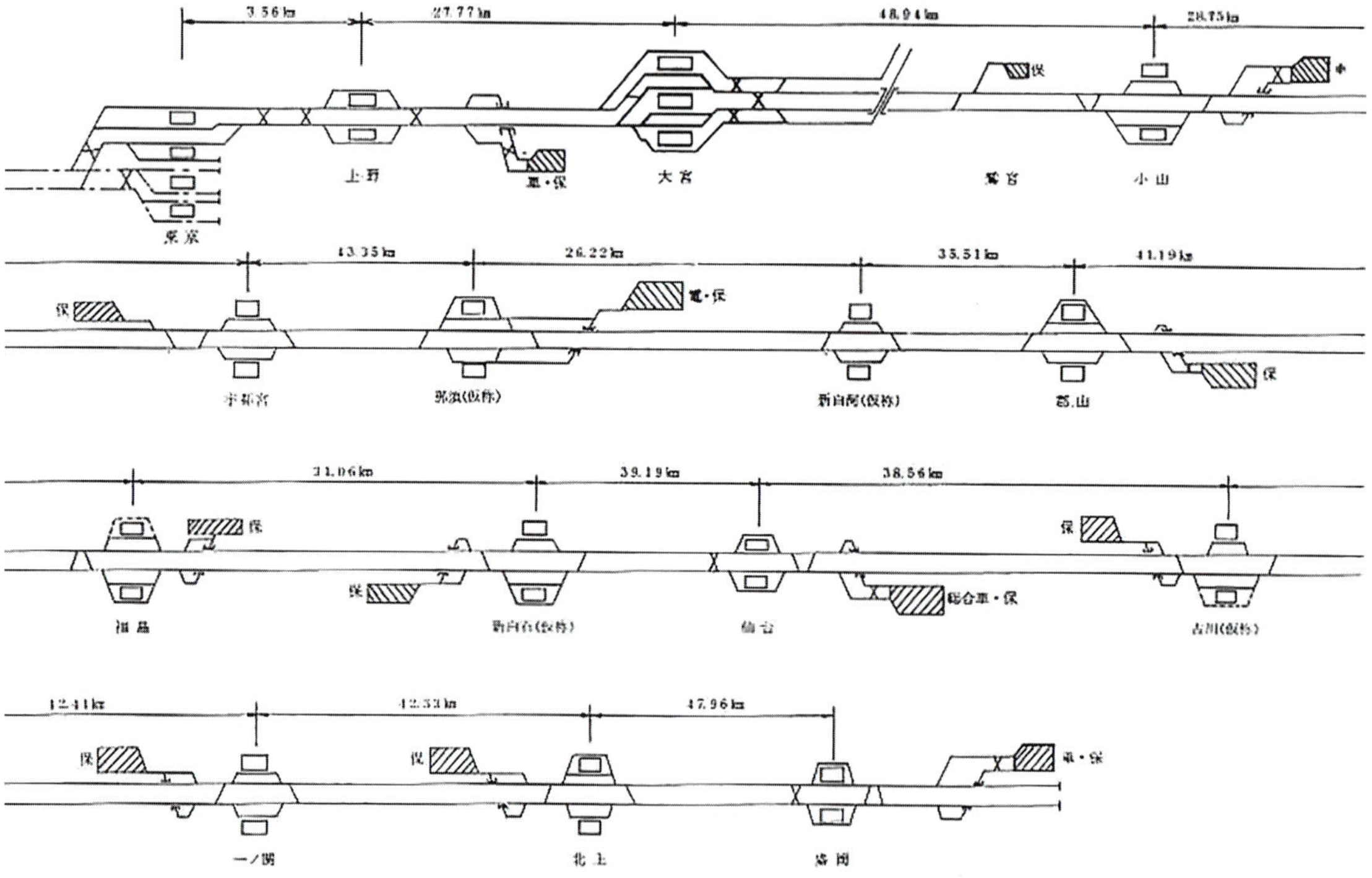

決定した上越新幹線の配線図

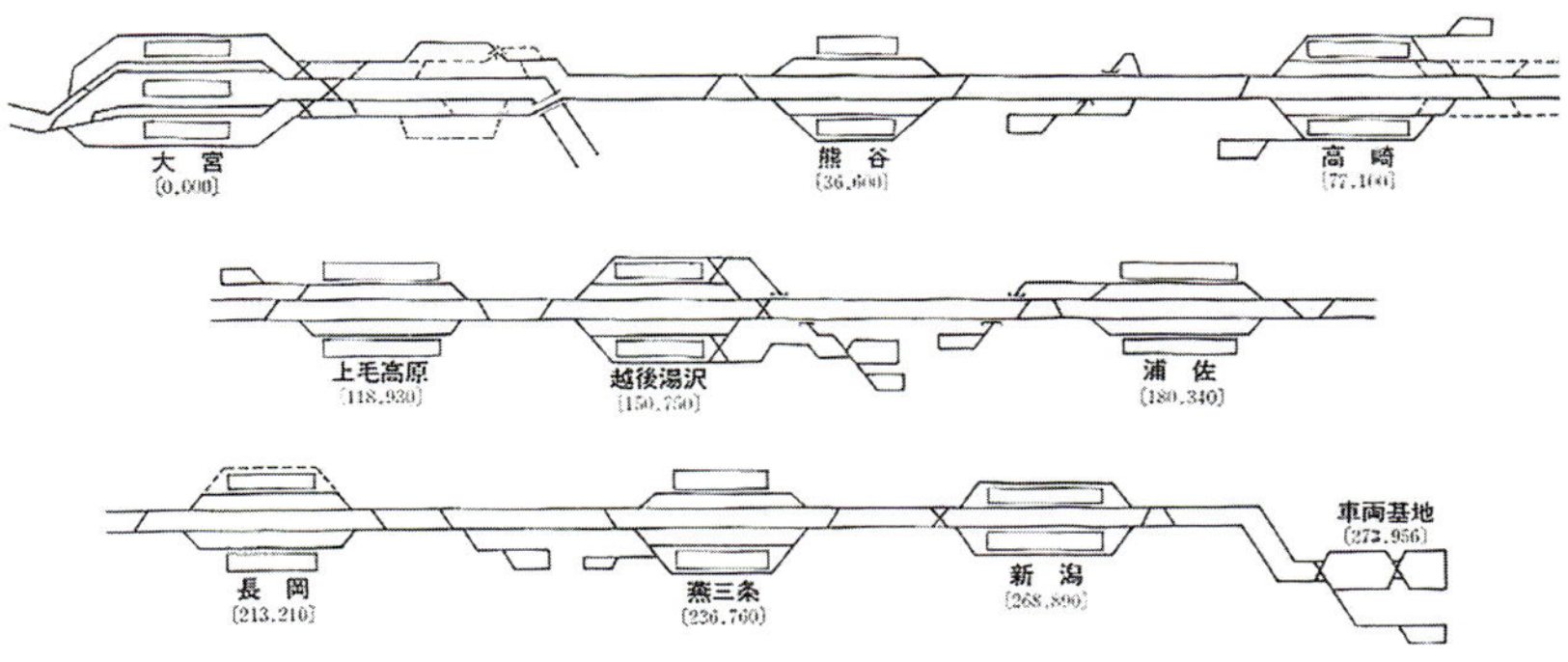

予定配線図は省略されている。

上の図は決定した上越新幹線の配線図である。大宮駅の新潟寄りの立体構造が点線で記されている。しかし、上り線側について実際には上越新幹線上り線が東北新幹線の上を斜めに通る高架橋の下には、東北新幹線から上越新幹線に合流するための空間は空けられていない。

そこで上越新幹線本線の下を東北新幹線が斜めにくぐる手前で、同新幹線から上越新幹線上り線への連絡線が接続することに変更している。

このため並行して建設されたニューシャトルの橋脚などは東北新幹線の連絡線になり、ニューシャトルの上り線がその外側に新たに設置されることにした。このためニューシャトルにあるこの付近橋脚は新幹線電車が通れる路盤に取り換えても耐えうる強度を持たせている。

高崎駅は上下とも第2停車線がある島式ホームになり、なにも記されていないが点線で北陸新幹線の線路が記されている。

長岡駅で接続する羽越新幹線の建設はずっと将

ニューシャトル大宮行の最後部から見た新幹線。下り線の上越新幹線と東北新幹線の間が広がって、立体交差線の高架橋が設置できるようになっているのがわかる。高架橋ができると、その下を東北新幹線から上越新幹線への連絡線が設置される

上りの上越新幹線線路が高架になって東北新幹線の上り線を斜めに乗り越している場所だが、上越新幹線の高架線の橋脚の間隔は東北新幹線から上越新幹線への連絡線が通れる長さにはなっていない。しかし、その横のニューシャトルの路盤は新幹線の橋脚と共用している。これが東北新幹線から上越新幹線への連絡線となり、新たにニューシャトル用の路盤が設置される

ニューシャトルの大宮行軌道が新幹線と並行する付け根付近から大宮方を見る。右は東北新幹線の橋脚でここから上越新幹線の連絡線が分かれてニューシャトルの路盤に乗せるようになるとされている

地上から見た立体交差付近。右側が上越新幹線下り線、左側が東北新幹線下り線と東北・上越新幹線の上り線

信夫山の展望台から福島駅を見る。東北本線を越えると新幹線の隣り側に緑地帯が並行している。これが確保された奥羽新幹線の用地。右に曲がっている高架橋は山形新幹線

信夫山トンネル坑口から見た緑地帯。奥に福島駅が見える

福島駅側から見た緑道

来になると予想されるので下り線だけ第2停車線が設置できるように点線で描かれている。長岡駅の上り線を新幹線ホームの外側から見ると第2停車線が設置できるようになっているとともに、上りホームも両端も島式ホームにできるような構造のホームになっている。

　奥羽新幹線と分岐する福島駅は上り線だけ島式ホームにするものの、将来的には下り線も島式ホームにするとしている。そしてこれは実現している。また、奥羽新幹線は信夫山トンネルまで東北新幹線と並行、信夫山トンネルかその先で東北新幹線と分岐することにして、福島駅から信夫山トンネルまで奥羽新幹線の用地が確保された。

山陽新幹線には東九州新幹線との分岐をデルタ線で行う用地や設備がある

山陰新幹線は新下関駅で分岐することになっている。そのため山陽新幹線の新下関駅下り線だけに島式ホームがあって第2停車線がある。ところが上り線側の片面ホームの外側にはポッポッと第2停車線の路盤が設置されており、新大阪寄りにある石原トンネル坑口まで引上線が延びている。

引上線は水平になっているが、山陽新幹線は新大阪に向かって15‰の上り勾配になっているから、石原トンネル坑口では高低差が大きくつく。引上線は新幹線の山側にあるが、海側には新下関駅の第2停車線を延ばして石原トンネルまで山陰新幹線の下り線の用地が確保されている。

やはりそのまま水平で伸ばして山陰新幹線の下り線用の石原トンネルを設置したとすると石原ト

新関門トンネル坑口から見た新下関駅。下り線には第2停車線があり、上り線側は第2停車線の路盤が一部設置されている

新下関駅の上り線から新大阪寄りを見る。上り線側に折返用の引上線がある

引上線は水平で石原トンネル坑口まで延び、新幹線本線は15‰の上り勾配になっているため、大きく高低差が付く

新下関駅の上りホームから新大阪寄りを見る。ホームに面して第2停車線の路盤があり、さらにその左側に電留線と保守基地への入出区線が並行している

同・博多寄りを見る。第2停車線の路盤は途中でなくなるが、入出区線は新幹線本線とほぼ直角にカーブして地上に降りる

保守基地を見る。保守基地には門型クレーンが置かれている。かつてはその向こうの新幹線とほぼ直交する山陽本線との間に軌間変換装置が置かれ、狭軌線が山陽本線となっていた。門型クレーン内にある3線軌条とつながっていた。右端にあった留置線も撤去されている。軌間変換関連の設備は撤去され、元のように門型クレーン内にある3線軌条の先から山陽本線までは狭軌線だけになっている

ンネル内で山陽新幹線と立体交差できるようになる。国鉄はなにも明記しなかったが、新下関駅の構造を見る限り山陰新幹線との分岐を考慮した構造になっているのは明らかである。

ただし山陰新幹線へは九州方面からスルー出来る構造になるので、新大阪方面から山陰新幹線に直通するには新下関駅でスイッチバックしなければならない。時間短縮効果を上げるのが新幹線なのにスイッチバックのために数分とはいえ時間を費やすことは問題である。

将来、岡山から中国横断新幹線ができる。新大阪から米子、浜田方面に行くのは中国横断新幹線経由として、新下関駅でスイッチバックする必要はないといえるが、広島から山陰新幹線への直通電車も必要になろう。

ヨーロッパの高速新線（新幹線のこと）では各方面へ分岐する多くの場所でデルタ線を形成している。日本でも本四備讃線の四国側で宇多津方面と坂出方面、それに宇多津―坂出間の予讃線との間でデルタ線にしている。

新大阪方面から山陰新幹線へスルーできる分岐線も考えていたと想定していてもおかしくはない。石原トンネルの新大阪寄り坑口から勝山トンネル坑口までの間を見ると、新大阪寄りは高架橋になっているのに、勝山・石原の両トンネルの坑口寄りは盛土になっている。

山陽新幹線岡山―博多間の大半の高架線は高架

7 石原トンネルの新大阪寄り坑口手前の新幹線路盤は盛土になって幅広い用地が用意されている

8 国道34号との交差区間は高架橋だが、その新大阪寄りは再び盛土になっている

9

石坂トンネル坑口から見た馬場山地区の新幹線盛土区間。盛土は奥に行くほど広がっており、島式ホーム2面6線の設置が可能なようになっている。手前の高架橋は黒川橋梁で不等沈下したときにはジャッキアップして平面を保てるようにしている。盛土の奥に北九州高速4号が新幹線を横切っている

10

右側に埋め込まれているJR西日本の用地を示す標柱

11

馬場山地区に置かれていた馬場山保線管理室の建屋。不等沈下を管理するとともに指定券の販売などの業務もしていたが、その後、無人になり、現在は建屋そのものが撤去されている

12

筑豊本線と交差する地点の前後にも島式ホーム2面6線の駅が設置できる用地が確保され、ここにもJR西日本の用地であることを示す標柱や看板が置かれている

13

九州縦貫自動車道の上り線側にある直方PAから見た新幹線駅用地

橋なのに、この付近だけが盛土になっていて、結構な用地をとっている。手前の勝山トンネル寄りで山陰新幹線が両側に分岐、石原トンネル坑口手前の盛土区間で下り線が山陽新幹線と立体交差して分岐していくと想像してもおかしくはないし、もしかして勝山トンネル坑口から高架区間の間に山陰新幹線分岐用の駅が設置される可能性もあろう。

山陽新幹線にはもう一つ不思議な区間がある。それは山陽新幹線の小倉駅を出ると11・7㎞の北九州トンネル、次いですぐに847mの石坂トンネルに抜ける。その先の東京起点1026・6㎞地点の黒川高架橋から九州縦貫自動車道と斜めに交差するまでの区間である。

石坂トンネルを出ると北九州都市高速4号線と交差する。この地点を馬場山地区という。石坂トンネル坑口付近から新幹線を見ると明らかに第2停車線がある島式ホーム2面6線の用地を持った盛土区間がある。

さらにその先、九州縦貫自動車道と交差する地点まで複々線用地がある。その途中で筑豊本線と交差するが、そこにも島式ホーム2面6線の用地が確保されている。

東九州新幹線は福岡市を起点にして大分市付近、宮崎市付近を経由して鹿児島市を終点としている。国土交通省は博多―山陽新幹線分岐点の約40㎞は山陽新幹線と共用すると公表している。

新大阪側からは馬場山新駅を設置、博多側からは筑豊本線交点に新駅を設置して、両新駅で分岐するデルタ線を形成。東九州新幹線を分岐することが考えられていたとしてもおかしくはない。

馬場山地区は炭鉱地帯の跡地を通っているので、北九州高速4号と交差する地点の高架橋は地盤が不等沈下したときに備え、各高架橋をジャッキアップして常に水平に保つよう、特別に馬場山保線管理室を置いたという国鉄の文書は残っているが、ここに駅を設置するなどの文言は全くない。

しかし、現地を見る限り、二つの駅用地と複々線化の用地が確保されていることは否定できない事実である。

ＪＲ化後も分岐接続準備設備が用意されている

九州新幹線新鳥栖駅は基本計画策定時には旅客駅ではなく鹿児島ルートと長崎ルート（現西九州新幹線）が分岐する新鳥栖信号場とされていた。九州新幹線の久留米駅と非常に近いために、旅客駅にする必要はないとされたのである。

しかし、九州新幹線が具体化していくと、長崎本線との連絡駅としての機能を持つことから駅に昇格することになった。とはいえ、整備新幹線の建設予算は圧縮されており、国鉄時代のように島式ホーム2面6線による分岐駅では費用がかかるとして、通過線を省略した島式ホーム2面4線にすることになった。

そして外側の副本線からまっすぐに進む路盤が少しだけ設置されている。これが西九州新幹線の分岐路盤である。その南側の九州新幹線の橋脚

❶ 新鳥栖駅の鹿児島中央寄りには西九州新幹線の分岐用のスラブ軌道が設置できる路盤が用意されている

❷ 同・上り線側も西九州新幹線のためのスラブ軌道が設置できるように円筒状の突起が並んでいる路盤

❸ 鹿児島中央寄りの東側から見た新鳥栖駅。西九州新幹線の分岐路盤が突き出しているのがわかる。突き出したところから左方向へカーブすることになろう

には間隔を広げた場所は近くにはなく、西九州新幹線の下り線は高々架で九州新幹線を斜めに立体交差すると思われる。その先はゴルフ場をトンネルで貫いて行くので用地買収は難航しないと思われる。

ところが、その南側の九州新幹線が鹿児島本線を乗り越す手前で、高架橋の橋脚が長スパンになっている個所がある。おそらく都市計画道路のためだろうが、付近に住んでいる人に聞くとそのような道路計画はないという。もしかするとこの長スパンのところで、西九州新幹線の下り線が斜めにくぐっていくか、あるいは鹿児島方面から長崎方面への新幹線の立体交差のためとも考えられる。

熊本駅が島式ホーム2面4線になっている。これは同駅折返電車や熊本基地との回送電車のためだが、九州横断新幹線は熊本駅で分岐する。分岐個所ははっきりしないが、今後は分岐点まで複々線にする予算などないから、どこで分岐してもいいことになる。

これは羽越新幹線と分岐する北陸新幹線の上越

同・西側から見る。西九州新幹線の下り線は高い高架になって九州新幹線を斜めに乗り越して西側へ進むようになろう

妙高―糸魚川間でも言えることであり、高崎方面から羽越新幹線への分岐は島式ホーム2面4線になっている上越妙高駅と考えるのが素直な考え方だが、羽越新幹線は日本海縦貫新幹線の一部になるので、糸魚川方面からの分岐が必要になる。しかし、分岐できる駅はないから上越妙高駅の糸魚川寄りにある高田トンネル内での分岐になる可能性が高い。

開通した北陸新幹線の敦賀駅でも延伸に備えて高架線の一部ができているとともに、敦賀車両基地への入出区線は北陸・中京新幹線の本線になることを前提にしているようである。

建設中の北海道新幹線函館北斗以北の長万部駅は島式ホーム2面4線になる。あきらかに北海道南回り新幹線の接続を意識したものと思われる。しかし、南回り新幹線の開通は遠い将来のことである。それまでは副本線側に在来線特急が発着できるようにして、簡単に乗り換えができるようにするのが正論と言える。けして北陸新幹線の敦賀駅のような乗り換え方法はとってはならない。

上越妙高駅から東京方面を見る。左カーブしながら、一度下がって上がっている。下がったところで立体交差して長岡方面へ向かう羽越新幹線が造られるかもしれない

北陸新幹線金沢—敦賀間の配線

小松駅は他の整備新幹線の多くの駅にみられる幅が狭い相対式ホーム2面2線の単純な駅である。

次の加賀温泉駅は当初のころの新幹線駅と同じ通過線と停車線に分かれる相対式ホーム2面4線である。さらに敦賀寄りに対向亘線がある。

その先の上り線側に保守基地があるので、保守車両の下り線への転線に使用できるが、何かの要因で金沢寄りが不通になったときに上り電車が下り停車線に転線して折り返し営業運転ができたり、下り通過線で回送折り返しができるようになっている。

そのために下り通過線（本線）と停車線（副本線）の金沢寄りに背行亘線がないにもかかわらず停止限界標識が置かれている。上り電車が転線し下り線に入っても停止限界位置から先に行けないようにO₂、O₃信号区間を設けているのである。

新大阪—金沢間は他の整備新幹線区間にくらべて乗客が多いと考えられている。そのため新大阪まで開通したときには各駅停車タイプと京都、福井、金沢停車の速達タイプが頻繁に走る可能性がある。そうなると待避・追越をする必要があるので、同駅と越前たけふ駅を相対式ホーム2面4線にしたのである。

芦原温泉駅は小松駅と同じ相対式ホーム2面2線の単純な駅になっている。

福井駅は在来線（旧北陸本線、現ハピラインふくい線）駅とえちぜん鉄道福井駅の間の狭隘な場所に設置したため新幹線で初めての島式ホーム1面2線になっている。

駅の前後に片亘線があって、金沢方面と敦賀方面の両方面からの電車が転線して折り返し運転ができるようにしている。

越前たけふ駅は加賀温泉駅とほぼ同じ配線をしている。同駅は他線と連絡していない単独駅である。既存の武生駅とは結構離れているものの北陸自動車道の武生インターチェンジとは国道8号を経ずとも駅前駐車場とアプローチ道路で直結している。

小松駅は他の整備新幹線の駅と同様にホーム幅が狭く簡素な相対式ホーム2面2線の棒線駅。ハピラインふくいの小松駅は片面ホームと島式ホーム各1面3線で新幹線駅よりも発着線は多い高架駅

加賀温泉駅は東海道新幹線と同様に通過線と停車線に分かれている相対式ホーム2面4線になっている

芦原温泉駅は相対式ホーム2面2線の棒線駅。ハピラインふくいの駅は地上にあって小松駅よりも乗り換えはしやすい

敦賀駅は旧第1敦賀機関区の西側半分ほどの用地に島式ホーム2面4線の配線構造になっている。終着駅だから島式ホーム2面4線にしたと思われるが新大阪駅まで延伸されれば単なる通過駅となって、それほど大きくする必要はないといえる。

逆に言うと敦賀―新大阪間の開業時期は未定であるものの、予測されているのは30年後である。それまでは在来線との連絡駅としての機能がある。その在来線ホームは地上1階にあり、新幹線ホームは地上3階にある。しかも地上3階と言っても通常の建物でいえば6階建ての高さに相当する。

それにしても島式ホーム2面4線は大きすぎる。4線のうち外側2線は在来線が乗り入れて同じホームで乗り換えができればよかった。在来線特急と連絡している西九州新幹線武雄温泉駅ではそのようにして乗り換えが非常に簡単である。

今後、30年間は現状のように面倒な乗り換えをさせるように設計したのはどうかしている。新大阪駅まで開業したときには相対式ホーム2面2線で充分なのであり、現在でもそれはいえることから在来線特急の高架ホーム乗り入れは無駄ではないといえる。

それとも基本計画の北陸・中京新幹線は敦賀―名古屋間だから、それを前提にしているための島式ホーム2面4線なのだろうか疑問を感じる。

北陸本線の元の敦賀第2機関区の先に北陸新幹線の車両基地が置かれているが、将来、新大阪方面への本線となる引上線とは別に車両基地への入出区線が分かれている。引上線は内側の12、13番線から伸びており北陸本線を乗り越す手前で止まっている。11番線はホームの先で止まっている。そして14番線は13番線からの引上線から分かれた線路とともに入出区線となって車両基地へと進んでいる。

このことから入出区線は将来的には北陸・中京新幹線となって名古屋方面に向かい、新大阪方面は北陸線を乗り越して小浜線と並行して進む分岐駅になると考えられる。

というよりも新小浜（東小浜または上中）、京都、そして学研都市を経て新大阪へ達するルートは大変な工事になる。それよりは予定されている米原駅をバイパスする。岐阜駅経由で名古屋に達する北陸中京新幹線のルートを変更して、東海道新幹線米原駅に接続する敦賀―米原間を建設したほうが工事は簡単である。

その時までにはリニア中央新幹線品川―新大阪間が開業して、東海道新幹線のダイヤに余裕ができ北陸新幹線電車を米原―新大阪間に走らせることは可能になる。というよりも品川―新大阪間の乗客の大半がリニア中央新幹線を利用するようになるから、東海道新幹線の新たな使い方として北陸新幹線電車の乗り入れをするのもいい。

現行の東海道新幹線のダイヤでも北陸新幹線電車を米原―新大阪以西間と米原―名古屋間にそれぞれ1時間に1本、つまり、現行のサンダーバードと「しらさぎ」に相当する電車を走らせることは可能である。東京―名古屋間運転の「こだま」が1時間に1本設定されており、名古屋―新大阪間は東京―名古屋間よりも1時間に1本少なくなっているから名古屋―米原―新大阪間で現状よりも1時間に1本増やせるからである。

小浜を素通りになることは小浜市とその周辺にとっては由々しき問題だが、その代替として、かねてから提案されている上中―近江今津間の若狭びわ湖リゾートラインの具現化をすれば、北陸特急がなくなる予定の湖西線の有効利用ができる。

学研都市の素通りも昭和30年代後半に考えられていた湖西線の延長線としての山科―新大阪間の学研都市経由での具現化すればいい。

北陸新幹線の新大阪延伸では新小浜、京都、学研都市（松井山手付近）にしか駅ができないが、湖西線並みの高規格在来線であればもっと多数の駅ができるし、各駅で接続する在来の路線から直通電車を走らせることができる。

冷静に考えると敦賀―新大阪間は米原接続の東海道新幹線乗り入れが一番現実的なのである。おそらく10年経たずに開通させることができると思われる。

JR福井駅は新幹線駅としては珍しい島式ホーム1面2線になっている

新幹線福井駅の東隣にはえちぜん鉄道の島式ホーム1面2線の発着線がある

同・西隣は在来線高架化後に不用となった線路群を流用して広い駅前広場と福井鉄道の福井駅電停が設置されている。ハピラインふくいとえちぜん鉄道の間に設置されたので簡素な島式ホーム1面の駅になってしまった。ただし駅の前後には対向亘線が各1組ずつ設置されており、折り返しは可能（非常時）

えちぜん武生駅も相対式ホーム2面6線になっている

えちぜん武生駅の福井寄りの停止限界票は背行亘線がないにも関わらず下り線側にも設置されている。敦賀寄りに対向亘線があって下り線を引上線代わりにして上り線に転線、敦賀方への折り返しができる。入換時に滑走して駅を通り過ぎないようにするためにATCのO_1（停車信号）、O_2（無信号による停止信号）、O_3（絶対停止信号）の3種が置かれている

北陸新幹線の延伸で関西や名古屋など東海道新幹線沿線からはかえって不便になった

北陸新幹線が敦賀駅まで延伸して東京―敦賀間の所要時間は最速の「かがやき」で3時間8分になった。首都圏から敦賀に行き来する人はそうはいないが、福井に行き来する人はそれなりに多い。最速「かがやき」で東京―福井間の所要時間は2時間51分になった。

とはいえ福井は大阪との結びつきが強く、大阪―福井間の所要時間は敦賀乗り換えでサンダーバードと「つるぎ」との合計の最速の所要時間は1時間44分となった。

しかし、最大10分、多くは2、3分遅くなっている。同じ所要時間のままになっているものもある。関西の奥座敷と言われる芦原温泉や加賀温泉ではほとんどは速くなったものの、その短縮時分は芦原温泉駅で8分、加賀温泉駅で11分、そして工業都市小松駅で11、12分程度でしかない。

敦賀駅では北陸新幹線の「つるぎ」がサンダーバードとの連絡列車であり、大半の「つるぎ」は敦賀―金沢間で各駅に停車する。

表（62、63ページ）は大阪―敦賀間で北陸新幹線開業前の直通していたサンダーバードと開業後の敦賀接続の所要時間と表定速度、駅間距離を比較したものである。

北陸新幹線の金沢―敦賀間の各駅間距離は短い。とくに小松―福井間では旧北陸本線のほうが短いか同じである。

小松―加賀温泉間で北陸新幹線は市街地を避けるために逆に迂回して200m長くなっている。

加賀温泉—芦原温泉でも市街地を迂回し途中で交差している。ルートは大きく違っても距離は同じ、芦原温泉—福井間でもやはり人家が少ない山側に迂回しているために300m長くなっている。

サンダーバードは大半の区間で最高速度の130㎞を出していた。そのため各停車駅間の平均速度は100㎞を越えて110㎞近かった。北陸新幹線各駅停車タイプは駅間が短いので、260㎞まで加速してもすぐブレーキをかけないといけない。

このため新幹線開通前のサンダーバードにくらべて各駅間の所要時間の短縮は1、2分程度でしかない。平均速度も120、130㎞台とそんなに速くない。駅間距離が短い区間では各駅停車タイプの新幹線はスピードアップ効果が大きくない。

それでいて敦賀駅での乗り換えは面倒である。サンダーバードは新設の1階にある在来線ホームに到着する。そこから階段、エスカレータ、エレベーターで2階コンコースに上がる。大阪寄りに在来線用、金沢寄りに新幹線用のコンコースがあって、その途中に連絡改札口がある。そして再び階段、エスカレータ、エレベータで3階の新幹線ホームに行くことになる。

乗り換え時間は最短8分に設定している。エスカレータの数はそれなりに多く用意されているが、荷物をかかえた人が多いので通常のエスカレータよりもゆっくりしたスピードにしている。しかも2階、3階といっても通常よりもかなり天井が高くて昇り降りに時間がかかる。

サンダーバードは全車指定だから大阪に行く場合は急ぐ必要はないが、「つるぎ」には自由席があり、それを利用する人でいい席に座りたいときには急がなくてはならない。実際、そのために猛ダッシュする若者が多い。しかし、お年寄りはそんなまねをしにくいのでいい席に座れない。

一番いいのは在来線ホームと新幹線ホームを直接結ぶエスカレータ、エレベータを設置することだし、お年寄りや足の悪い人のための現状通りのスピードのエスカレータのほかに高速用のエスカレータも併設して置く方がいい。

コンコース階に連絡改札を設置するのは特急ホーム以外の以前からのホームで発着する客のチェックのためだが、それは従来のホームからの連絡通路に置けばいいことである。サンダーバードや「しらさぎ」と新幹線電車とは連携しているから切符のチェックは不用である。事実、西九州新幹線の武雄温泉駅では新幹線の発着線と連絡特急の発着線とは共有して切符のチェックを行っていない。

連絡改札があるためにその手前で立ち止まって切符を財布やポケットから出す人も多い。他の新幹線各駅では在来線と切り離して改札口があり、在来線特急は全車指定になっているからすでにチェックされている。新幹線と特急を乗り継ぐ乗客にとって連絡改札口での切符のチェックは不用である。

敦賀駅で在来線普通からの乗換客についてはコンコース手前の連絡通路に乗り換え改札口を置けばいい。在来線特急ホームが新幹線ホームの下に移った。新幹線ホームがあるところは敦賀第1機関区があったところで、旅客ホームと改札口から離れている。

新幹線開業後、新幹線側の旧敦賀第1機関区の残り半分を利用して駅前広場とやまなみ口（東口）を新設、従来からあった繁華街に面した改札口をまちなみ口（西口）と称するようにした。

やまなみ口は木ノ芽川に面しており、その向こうは工場と野球場くらいしかない。北陸自動車道とも通じている国道8号バイパスからのアプ

敦賀駅の特急ホームを出発して名古屋に向かう「しらさぎ」6号

敦賀駅の12番線に停車する「つるぎ」金沢行

敦賀駅の米原寄りで特急ホームへの線路が分かれる

敦賀駅を出発した「はくたか」号東京行。同駅の金沢寄りにシーサスポイントが置かれている

12、13番線がまっすぐ進む方向が新小浜駅への本線になる。また、11番線は手前で止まっている。このあたりは配線変更がなされることからバラスト軌道になっている

敦賀駅の終端寄りで12、13番線がまっすぐに伸びて止まっている。14番線は車両基地に向けて左にカーブし、車両基地への入出区線が分かれる

地上を走る新快速電車から見た北陸新幹線の新小浜方面への高架橋。新小浜方面へ伸びたときには北陸本線を乗り越すことになる

11番線はもっと手前で止まっているが、新小浜方面に延びたときは12番線につながり、その先にシーサスポイントが設置されるものと思われる

ローチ道もあるがクルマ利用で北陸新幹線に乗る人も少ない。

やはり従来からのまちなみ口を利用する人が圧倒的に多い。それなのに北陸新幹線と在来線特急に乗るのは遠くなった。新幹線開業前の特急は金沢方面が3、5番線、大阪・名古屋方面が6、7番線で発車していたのにくらべて遠くなってしまった。せめてもの慰めはまちなみ口から入ってすぐに新幹線・在来線連絡通路とエスカレータ、エレベータ設置され、従来のホームを通り越した留置線群の上に動く歩道、つまりムービングウォークも設置していることである。とはいえ、その先でさらにエスカレータやエレベータを登ってようやく2階コンコースにたどり着くという遠さである。

62、63ページの表の左側は大阪6時30分発から11時19分発までの大阪―金沢間の新幹線敦賀延伸開業後と開業前の運賃・料金と各列車の発着時間の比較である。

敦賀―金沢間の北陸新幹線はカーブを少なくしたために営業キロは5・6km短くなった。しかし、大阪からの101km以上の運賃は20km刻みで設定されているために、距離が短くなったとしても変わらないままになっている。

料金については在来線と新幹線とを乗り継ぐ場合、在来線特急料金が半額になる「乗り継ぎ割引制度」(通称乗割)が廃止されたために、福井以東の特急料金は1150～2200円高くなった。

敦賀―金沢間で福井駅だけ停車する速達「つるぎ」と接続するサンダーバードで、敦賀駅での乗換時間が8分のサンダーバード9号と「つるぎ」10号の大阪―福井間の所要時間は1時間52分、開業前の同じ大阪8時42分発で京都―福井間ノンストップのサンダーバード9号は1時間49分だったので3分かえって遅くなっている。

大阪―福井間では開業前にくらべて速くなっても8分、通常は6分、サンダーバード9号のように敦賀駅も通過していたサンダーバードとでは逆に3分遅くなっている。

大阪―金沢間では開業前のサンダーバード9号

短縮時間	現在	開業前	短縮時間	現在	現在	開業前	短縮時間	現在	開業前	短縮時間	現在	開業前	短縮時間
	7:40	7:40		8:10	8:42	8:42		9:12	9:12		9:41	9:42	○1
▲3	9:03	9:01	▲2	9:37	10:03	レ		10:35	10:34	▲1	11:02	11:02	
	8	2		9	15	レ		8	1		15	1	
▲9	9:11	9:03	▲8	9:46	10:08	レ		10:43	10:35	▲8	11:17	11:03	▲14
○3	9:27	9:37	○10	10:06	10:34	10:31	▲3	11:04	11:09	○5	11:34	11:34	
	レ	9:48		10:15	レ	レ		11:13	11:21	○8	レ	11:46	
	レ	9:59		10:23	レ	レ		11:21	11:32	○11	レ	11:57	
○8	レ	10:08		10:31	レ	レ		11:29	11:41	○12	レ	レ	
○10	952	1025	○33	10:43	11:01	11:14	○13	11:41	11:58	○17	12:02	12:20	○18
○3	1:47	1:57	○10	1:56	1:52	1:49	▲3	1:52	1:57	○5	1:21	1:20	
○10	2:12	2:45	○23	2:33	2:19	2:32	○13	2:29	2:46	○17	2:20	2:38	○18

短縮時間	現在	開業前	短縮時間	現在	現在	開業前	短縮時間	現在	開業前	短縮時間	現在	開業前	短縮時間
▲1	702	715	○13	748	802	805	○3	8:40	8:15	▲25	9:05	9:02	○3
	713	731	○18	レ	813	レ		レ	8:34		9:16	レ	
	721	740	○19	レ	821	レ		レ	8:42		9:24	レ	
	729	750	○21	レ	829	レ		レ	8:53		9:32	レ	
○20	739	803	○24	812	836	848	○12	9:06	9:05	▲1	9:41	9:43	○2
○33	7:59	8:36	○37	8:29	8:59	レ		9:25	9:38	○13	10:02	10:14	○14
	0:08	0:02		0:08	0:08	レ		0:14	0:01		0:12	0:02	
○26	8:07	8:38	○31	8:37	9:07	レ		9:39	9:39		10:14	10:16	○2
○18	9:33	1003	○30	1003	1035	1039	○4	11:02	11:06	○4	11:36	11:37	○1
○16	2:31	2:48	○17	2:33	2:33	2:37	○3	2:22	2:51	○29	2:31	2:35	○4
○4	1:54	2:00	○6	1:56	1:59	1:51	▲8	1:56	2:01	○5	1:55	1:54	▲1

大阪と福井・金沢間の運賃・料金・所要時間の比較

大阪発

営業キロ現在	開業前	運賃現在	料金現在	合計	運賃開業前	料金開業前	合計	差額	駅名等	現在	開業前	短縮時間	現在	開業前
0	0								大阪	6:30	6:30		7:00	7:00
									敦賀着	7:54	7:57	○3	8:23	8:20
136.9	136.9	2310	2390	4700	2310	2390	4700	0	停車乗換時間	12	1		8	2
									敦賀発	8:06	7:58	▲8	8:31	8:22
186.1	190.9	3410	3880	7290	3410	2730	6140	1150	福井	8:23	8:29	○6	8:51	8:54
204.1	208.6	3740	3880	7620	3740	2950	6690	930	芦原温泉	レ	レ		9:00	レ
220.4	225.3	3740	3880	7620	3740	2950	6690	930	加賀温泉	レ	レ		9:08	レ
234.9	239.2	4070	3880	7950	4070	2950	7020	930	小松	レ	レ		9:16	9:22
262	267.6	4840	4570	9410	4840	2950	8210	1620	金沢	8:48	9:13	○15	9:28	9:38
									福井までの所要時間	1:53	1:59	○6	1:51	1:54
									金沢までの所要時間	2:18	2:43	○25	2:28	2:38

開業前	駅名等	現在	開業前	短縮時間	現在	開業前
535	金沢	600	607	○7	646	6:45
553	小松	611	627	○16	レ	701
レ	加賀温泉	619	636	○17	レ	レ
レ	芦原温泉	627	648	○21	レ	レ
620	福井	636	701	○25	710	730
6:53	敦賀着	6:57	736	○39	7:27	8:00
0:02	停車乗換時間	0:08	1		0:08	0:01
6:55	敦賀発	7:05	737	○32	7:35	8:01
820	大阪着	834	905	○31	906	922
1:59	金沢からの所要時間	2:34	2:58	○24	2:21	2:37
2:43	福井からの所要時間	1:58	2:04	○6	1:56	1:52

○は開業前より速くなった

▲は開業前より遅くなった

注）金沢発は発車時間操下

より開業後は13分速いだけ、通常は20分前後速いだけである。

大阪―福井間で所要時間はほとんど変わらないのに、料金が高くなって敦賀駅で面倒な乗り換えが強いられるなら、大阪からは並行する北陸自動車道を通るクルマあるいは高速バスで行き来したほうが便利だということで、かなりの人がそれらに切り替えはじめている。大阪―福井間の乗客は10％減と大幅に減少している。

北陸新幹線が金沢延長開業してから、大阪―富山間の鉄道利用は金沢駅乗り換えになるということで敬遠されて同区間の乗客がかなり減ってしまった愚を繰り返している。富山よりも大阪に近い福井だから北陸自動車道を利用するクルマの運転時間も短い。だから大阪―富山間での乗客減よりももっと大きく減ってしまった。

これは名古屋―福井・金沢間でも同じであるだけでなくそれ以上に不便になったといえる。

66、67ページの表は名古屋―金沢間の運賃・料金と午前中の接続列車取り上げたものである。同区間では「しらさぎ」が運転されているが、名古屋発着と東海道新幹線乗り継ぎをする米原駅発着がある。米原接続は乗割制度撤廃後の料金にしている。それでも高くなっている。

一番の致命的なのは北陸新幹線開業前の金沢始発の「しらさぎ」52号がなくなったことである。新幹線の運転時間開始は6時0分以降になっている。「しらさぎ」52号の金沢発は5時10分だった。福井駅の発車時間は6時0分だった。そのため福井駅始発の「つるぎ」は運転できるし配線的にも可能だったが、それをしなかった。

かわりに敦賀駅で米原行ノンストップ快速を運転して、この快速に接続する福井始発のハピラインふくい（旧北陸本線敦賀―大聖寺間承継の第3セクター鉄道）の普通（福井発5時49分）を設定した。福井駅からは15分早くなるが、従来通り米原駅で「ひかり」636号に乗り換えができ岐阜羽島以遠東京駅までの各駅に行くことができるままになった。しかし、芦原温泉以東の各駅からの利用はできなくなってしまった。

「しらさぎ」をすべて米原折返にして東海道新幹線に乗り換えて名古屋方面に向かわせることはしていない。新幹線は途中、岐阜羽島駅に停車するが、大垣や岐阜、尾張一宮は素通りする。そのために東海道新幹線があっても「しらさぎ」の名古屋発着が設定されている。米原以東の東海道新幹線と東海道本線は同じJR東海だからできるということだが、やはり乗り換えを嫌う人が多いためである。

同様に京都―倉吉間運転の特急「スーパーはくと」が走る京都―相生間は東海道・山陽新幹線との並行在来線区間である。並行在来線には特急など優等列車を走らせてはならない決まりはない。東京―熱海間でも特急「踊り子」は在来線を走っている。特急「草津・四万」や「あかぎ」も上野―高崎間でそうである。

北陸新幹線などを例からすると「スーパーはくと」は相生駅始終発、「踊り子」は熱海始終発、「草津・四万」などは高崎始終発にして、相生、熱海、高崎の各駅で新幹線に乗り換えを共用するということになるが、そうはしていない。乗り換える手間と時間を考えると大阪や東京、上野まで直通させた方が乗客にとって便利だからである。

過去には東海道新幹線が開通したとき、名古屋駅から山陽・九州方面への利便性を考えて特急「つばめ」は名古屋始終発にしていた。これは山陽新幹線博多開業まで行っていた。

北陸新幹線をはじめ整備新幹線として開通した新幹線は国（正確には鉄道建設・運輸施設整備支援機構）が保有して各JRに貸し付けている。国としては開通した整備新幹線の貸付料を原資として、JR東海単独事業のリニア中央新幹線を除く、まだ開業していない整備新幹線区間の建設費にあてる方針である。だから並行在来線をJRから切り離して、どうしても新幹線を利用させようとしている。

九州新幹線博多―新八代間が開業したとき、JR九州は乗客の利便性を考えて熊本―博多間運転の特急「有明」を早朝深夜に走らせていた。新幹線は騒音被害軽減策として6時から24時までの運

短縮時間	現在	開業前	短縮時間	現在	開業前	短縮時間	現在	開業前	短縮時間	現在	開業前	短縮時間
○26	7:51	7:50	▲1	8:51	8:51		9:48	9:48	1	11:19	11:19	
○28	8:49	8:49		9:48	9:48		10:48	10:48		11:47	11:47	
	直通8	直通8		直通8	直通8		直通8	直通8		ひかり9	ひかり9	
	8:57	8:57		9:56	9:56		10:56	1056		11:56	11:56	
○21	9:27	9:25	▲2	10:27	10:25	▲2	11:26	11:24	▲2	12:26	12:24	▲2
	19	1		8	1		15	2		12	2	
○10	9:46	9:26	▲20	10:43	10:26	▲17	11:39	11:26	▲13	12:42	12:25	▲´7
○24	10:06	10:00	▲6	11:04	11:00	▲4	11:59	11:59		13:02	12:59	▲3
○27	10:15	10:12	▲3	11:13	11:12	▲2	12:08	12:11	○3	13:11	13:11	
○30	10:23	10:22	▲1	11:21	11:22	▲1	12:16	12:22	○6	13:19	13:22	○3
○30	10:31	10:31		11:29	11:31	▲2	12:24	12:31	○7	13:27	13:30	○3
○37	10:43	10:48	○5	11:41	11:48	○7	1236	1248	○12	13:39	13:48	○9
▲2	2:15	2:10	▲5	2:13	2:09	▲4	1:21	1:20	0:00	1:40	1:38	▲2
○11	2:52	2:57	○5	2:50	2:57	○7	2:20	2:38	0:18	2:17	2:28	○´1

駅名等	現在	開業前	短縮時間	現在	開業前	短縮時間	現在	開業前	短縮時間	現在	開業前	短縮時間
	6:00	5:48	▲12	7:02	6:48	▲14	8:02	7:48	▲12	905	8:48	▲´7
	6:11	6:07	▲4	7:13	7:07	▲6	8:13	8:05	▲8	916	9:05	▲´1
	6:19	6:15	▲4	7:21	7:15	▲6	8:21	8:14	▲7	924	9:14	▲´0
	6:27	6:26	▲1	7:29	7:26	▲3	8:29	8:25	▲4	932	9:24	▲8
▲15	6:36	6:38	○2	7:38	7:38		8:38	8:37	▲14	941	9:36	▲5
▲4	6:57	7:11	○14	7:59	8:11	○2	8:59	9:10	○11	10:02	10:09	○9
	0:14	0:01		0:08	0:01		0:12	0:02		0:08	0:01	
	7:11	7:12	○1	8:11	8:12	▲1	9:11	9:12	○1	10:10	10:10	
	7:45	7:46		8:44	8:44		9:44	9:44		10:44	10:45	○1
	直通7	直通7		ひかり13	ひかり13		直通6	0:00		ひかり13	ひかり12	
	7:52	7:52		8:57	8:57		9:50	9:50		10:57	10:57	
	8:51	8:51		9:25	9:25		10:49	10:49		11:25	11:25	
	2:51	3:03	○12	2:23	2:37	○14	2:47	3:01	○14	2:20	2:37	○17
▲15	2:15	2:13	▲2	1:47	1:47		1:38	1:37	▲1	1:44	1:49	○5

名古屋と福井・金沢間の運賃・料金・所要時間の比較

名古屋発

営業キロ現在	開業前	運賃現在	料金現在	合計	運賃開業前	料金開業前(新幹線乗継)	料金開業前(在来線利用)	合計	差額	駅名等	現在	開業前
0	0									名古屋発	7:11	7:37
										米原着	7:34	8:02
79.9	79.9	1340	1730/2290	3630/3070	1340	2290	1730	3630/3070		停車乗換時間	ひかり13	ひかり8
										米原発	7:47	8:10
										敦賀着	8:19	8:40
125.8	125.8	2310	2390	4700	2310	2930	2390	5240/4700	0	停車乗換時間	12	2
										敦賀発	8:31	8:41
175.7	179.8	3080	3880	6960	3050	3150	2730	6200/5780	1150	福井	8:51	9:15
193	197.5	3410	3880	7290	3410	3480	2730	6890/6140	930	芦原温泉	9:00	9:27
219.3	214.2	3740	3880	7620	3740	3480	2950	7220/6690	930	加賀温泉	9:08	9:38
223.8	228.8	4070	3880	7950	4070	3480	2950	7550/7020	930	小松	9:16	9:46
250.9	256.5	4840	4570	9410	4840	3650	2950	8490/7790	1200	金沢	9:28	10:05
										福井までの所要時間	1:40	1:38
										金沢までの所要時間	2:17	2:28

駅名等	現在	開業前
金沢		5:10
小松		5:28
加賀温泉		5:37
芦原温泉		5:48
福井	5:45	6:00
敦賀着	6:28	6:32
停車乗換時間	3	1
敦賀発	快速6:31	6:33
米原着	7:08	7:08
停車乗換時間	ひかり10	ひかり10
	7:18	7:18
	7:42	7:42
金沢からの所要時間		2:32
福井からの所要時間	1:57	1:42

○は開業前より速くなった

▲は開業前より遅くなった

注)金沢発は発車時間操下

転しかできない。そこで熊本発4時43分の博多行や博多発0時15分の熊本行を走らせた。

しかし、九州新幹線の売り上げが減ると国から横やりが入ったらしく、現在は運転されていない。九州新幹線でも利便性が失われてしまった面もある。

北陸新幹線でも並行在来線をJRから切り離して第3セクター鉄道にして、サンダーバードと「しらさぎ」の在来線への直通は行わなくしてしまい、敦賀乗り換えを強いるようにしている。

今後、北陸新幹線は敦賀―新大阪間を建設することになるが、開通は早くて20年後、実際には30年を越えるだろう。そんな長い時間、敦賀駅での不便な乗り換えをずっと強要されることになる。新大阪延伸開業を踏まえて分離したのだろうが乗客の利便性については無視している。そんな政策をお国はすべきではない。

北陸新幹線が敦賀延長開業しても、サンダーバードと「しらさぎ」は在来線経由でせめて福井駅まで、できれば関西の奥座敷と言われている芦原温泉駅まで、さらにいうならば金沢まで運転すればいいのである。

そうすれば新幹線が素通りする武生駅と鯖江駅は「しらさぎ」と一部のサンダーバードが停車して便利になるし、それができないというものではない。早朝深夜も走らせられる。

新設された特急ホームから旧北陸本線のハピライン福井の福井方面への接続は亘線を設置するだけなので、すぐに直通できる配線は可能だし、在来線ホームよりも距離はいくぶん短くなっている。このため敦賀駅通過のサンダーバードが設定されたとすると以前よりも1分程度はスピードアップできる。この場合新幹線との乗り換えは福井駅になるが、福井駅での乗り換えはさほど面倒ということはない。

並行在来線は第1種鉄道事業者の第3セクター鉄道という別会社（敦賀―福井―大聖寺間ハピラインふくい、大聖寺―金沢―倶梨伽羅間IRいしかわ鉄道）になって関係はないと言わずに、JR西日本が敦賀―福井間、あるいは敦賀―金沢間で第2種鉄道事業者となってサンダーバードと「しらさぎ」を延長運転することはできる。金沢まで運転すれば新幹線にできない金沢から大阪へ8時20分の到着が復活できる。

第2種鉄道事業とは鉄道線路を保有する第1種鉄道事業者、または第3種鉄道事業が敷設した鉄道線路を使用して運送を行う事業と国の省令で定められており、新幹線関連では西九州新幹線と並行する長崎本線江北（旧肥前山口）―諫早間（3種鉄道事業者は佐賀・長崎鉄道管理センター）や七尾線七尾―和倉温泉間（2種鉄道事業者はのと鉄道、JR西日本は3種鉄道事業者）、スカイアクセス線京成高砂―小室間（1種鉄道事業者は北総鉄道、2種鉄道事業者は京成電鉄）など、多くの区間で実施している。

コンコースまでは長くて遅いエスカレータがある

第3セクター鉄道も線路使用料が入り、JR西日本も関西から福井までの乗客減に歯止めをかけることができる。敦賀駅では新幹線接続用の特急ホームの31～34番線から北陸本線への接続はすぐにもできるからそんなに難しい話ではない。

整備新幹線開業で並行在来線は第3セクター鉄道に移管するという約束事があり、北陸新幹線はじめ開業した整備新幹線各線の所有者は国の機関である鉄道建設・運輸施設整備支援機構で各JRに貸し付けている。そのためできるだけ新幹線を利用させて建設資金を回収、延伸工事費用に充てたいと国は考えている。

とはいえ、乗客の利便性を最優先するのなら、北陸新幹線敦賀延伸後もサンダーバードと「しらさぎ」は金沢駅、せめて福井駅まで在来線を走らせるのが、しかるべき姿である。そのほうが利用客にとっては便利だし、クルマ利用に切り替えるのは地球環境からしてもよろしくないのである。

新幹線と在来線の間にある中間改札口

到着した「つるぎ」は「しらさぎ」とサンダーバードの二つの列車に連絡する。両乗換客が交じり合わないように青（サンダーバード）と黄色（しらさぎ）とで色分けしてスムーズに乗り換えができるようにしている

右の34番線が「しらさぎ」の発着線、左の33番線がサンダーバードの発着線。その左隣の31、32番線は到着ホーム

新幹線・在来線特急コンコースと従来からの1〜7番線地上ホームとの間を連絡する跨線橋はムービングウオークがあり、その先で新幹線・在来線特急コンコースは連絡跨線橋よりも高いためエスカレータ・エレベータで結ばれている

左側の特急ホームから引上線と従来のホームからの線路（右）は大きくカーブして新幹線高架下あたりで並行する

引上線はハピライン福井の上下本線と並行している

第2章

在来線の㊙雑学

年々、駅間距離が長くなる区間が増えている

表はＪＲで一番長い駅間の上川―白滝間から70位の飛騨金山―焼石間まで各駅間距離を取り上げたものである。

新幹線は別にして在来線の駅間の距離は、東海道本線や中央本線など本線とされる路線では３〜４㎞ごとに設置するのが基本であった。つまり１里塚ごとに集落があることから明治時代からこの駅間距離にするのが基本であった。

東京や大阪などの大都市で電車が走る路線、つまり電車区間では１、２㎞ごとにしているところが多い。また、各本線に所属する所属線（正式には隷属線だった）では沿線人口が少ないので、乗客を集めるために駅間距離を短めにしている。

例えば中央本線の石和温泉―酒折間は３・４㎞、酒折―甲府間は３・２㎞となっている。そこに酒折駅の甲府寄りで身延線（東海道線の部に所属）が合流してきて甲府駅に達する。身延線の酒折駅近くに善光寺駅があり、同駅と甲府駅の間に金手駅がある。善光寺―金手間は０・９㎞、金手―甲府間は１・２㎞と短い。

小海線と元信越本線のしなの鉄道線も小海線の乙女―小諸間で並行しており、同区間の小海線には途中に東小諸駅があるが、しなの鉄道には乙女駅自体がなく、小諸駅の手前の駅はずっと離れた平原駅になる。信越本線時代には平原駅はなく御代田駅だった。御代田―小諸間には有力な宿場がなかったので駅間距離は８・８㎞もあった。小海線の乙女―東小諸間は１・０㎞、東小諸―小諸間は１・５㎞である。

このように本線の駅間は３〜４㎞、所属線の駅

駅間距離

線区名	区間	営業キロ	※
石北本線	上川―白滝	37.3	○
石勝線	新夕張―占冠	34.3	
石勝線	トマム―新得	33.8	
山田線	上米内―区界	25.7	○
宗谷本線	美深―天塩川温泉	23.2	○
石勝線	占冠―トマム	21.3	
只見	只見―大白川	20.8	○
根室本線	厚岸―茶内	20.2	○
石北本線	丸瀬布―瀬戸瀬	19.7	○
石北本線	白滝―丸瀬布	19.5	○
函館本線	納内―近文	18.8	○
石北本線	生田原―西留辺蘂	18.5	○
本四備讃線	児島―宇多津	18.1	
田沢湖線	赤岡―田沢湖	18.1	
宗谷本線	筬島―佐久	18	
山田線	松草―川内	17.9	○
石勝線	川端―新夕張	16	○
宗谷本線	雄信内―南幌延	15.7	○
根室本線	厚床―別当賀	15.6	○
函館本線	熱郛―目名	15.4	
根室本線	別保―上尾幌	15	
宗谷本線	豊富―兜沼	14.9	○
釧網本線	摩周―磯分内	14.7	○
函館本線	大沼―鹿部	14.6	○
釧網本線	緑―川湯温泉	14.5	
宗谷本線	天塩中川―問寒別	13.9	○
釧網本線	標茶―茅沼	13.9	○
日高本線	苫小牧―勇払	13.1	
山陽本線	上郡―三石	12.8	
函館本線	森―石倉	12.6	○
高山本線	焼石―下呂	12.6	
山陽本線	本郷―河内	12.3	
千歳線	植苗―南千歳	12	○
釧網本線	止別―知床斜里	11.5	
函館本線	二股―黒松内	11.4	○
石北本線	遠軽―瀬戸瀬	11.1	
宗谷本線	日進―智恵文	11	○
石北本線	留辺蘂―相内	10.9	
上越線	土樽―土合	10.8	
五能線	岩舘―大間越	10.8	
函館本線	銀山―然別	10.7	
釧網本線	磯分内―標茶	10.6	
山陽本線	八本松―瀬野	10.6	
肥薩線	人吉―大畑	10.6	
函館本線	長万部―静狩	10.6	
磐越東線	川前―夏井	10.4	
函館本線	倶知安―小沢	10.3	
根室本線	別当賀―落石	10.3	
宗谷本線	初野―恩根内	10.2	○
根室本線	浜中―姉別	10.1	
東海道本線	熱海―函南	9.9	
美祢線	於福―渋木	9.9	
中央本線	小野―塩尻	9.9	
高山本線	上麻生―白川口	9.9	
高山本線	坂上―打保	9.9	
成田線	成田―空港第2ビル	9.8	
函館本線	小沢―銀山	9.8	
日高本線	勇払―浜厚真	9.8	
函館本線	国縫―長万部	9.5	○
肥薩線	大畑―矢岳	9.5	
中央本線	高尾―相模湖	9.5	
山陽本線	三原―本郷	9.5	
米坂線	小国―越後金丸	9.5	
宗谷本線	恩根内―天塩川温泉	9.4	○
函館本線	昆布―ニセコ	9.3	
根室本線	上尾幌―尾幌	9.2	
根室本線	尾幌―門静	9.2	
奥羽本線	真室川―釜淵	9.2	
大船渡線	摺沢―千厩	9.2	
米坂線	手ノ子―羽前沼沢	9.2	
高山本線	飛騨金山―焼石	9.0	

※―途中の駅が廃止されたことで、駅間距離が長くなった区間

間は1km前後とするのがならわしである。ところが山岳地を越えるところでは人口希薄地帯であり、また長いトンネルも多くて駅間距離が長くなる。中央本線の高尾―相模湖間は小仏峠を越えるために駅間距離は9・5kmにもなっている。そして相模湖からはほぼ4km間隔で駅が設置されている。

東海道本線の熱海―函南間9・9kmや山陽本線三原―本郷間と、奥羽線の所属線の米坂線小国―越後金丸間はともに9・5kmある。山岳区間では10km前後の駅間になる。山岳線の最長は東北線の所属線の田沢湖線赤岡―田沢湖間18・1kmだった。

ところが、北海道の道央から道東を結ぶ高速路線の石勝線が1981年に開業すると最長駅間距離を更新した。山岳地を高速で走るために駅の数を極小にした。そのため最長駅間距離はトマム―新得間の33・8kmと新幹線並みの駅間距離になった。

73ページの表では新夕張―占冠間の34・3kmのほうが長いが、開業時には途中に楓駅があった。南千歳方面から楓駅まで普通列車が運転されていたが、2004年に普通列車の運転は中止になって楓駅は行き違い用の楓信号場になってしまった。楓―占冠間は28・6kmと当時、日本で2番目に長い駅間距離だった。なお、楓駅から新得方面

楓信号場。旅客駅時代に折り返していた普通は右の行止り線で発着していた。左側は高速行違線でここにも相対式ホームが置かれている

行き違い用の東占冠信号場

に向かうためには一度新夕張駅に戻って特急に乗ることになる。この場合、特急料金の徴収は免除される。

ただし、これら距離が長い駅間ではあったが、単線で建設されたために行き違い用の多数の信号場が置かれた。新夕張─占冠間では途中に楓、オサワ、東オサワ、清風山の四つの信号場がある。開業時には鬼峠トンネル内に鬼峠信号場も置かれていた。

ところが近年になって、乗降客がほとんどゼロだった駅を廃止することにした。そういった駅は駅の体をなしておらず、ただ板を張ったホームだけしかない駅もある。当然、駅員が配置されていない無人駅である。駅の維持費を抑えるために廃止したとしても維持のための経費が大幅に減るわけでもない。

しかし、走っている車両はディーゼルカーがほとんどである。駅に停まった後、加速するために燃料が必要になる。駅に停まらなければ加速のための燃料は不用になる。また、所要時間をほぼ同じにすれば、速度を高めなくてすんで、これによっても燃料消費が減る。そのために廃止したのである。

とはいえ、駅が少なくなれば所要時間の短縮になって、クルマとの競争力が上がるとおもえるが、これを行うことはなく、廃止後の各列車の所要時間はほとんど変わっていない。

なお、最近の電車であれば回生ブレーキによって、停止までに発生した電気を変電所に戻すことができ、ハイブリット方式の気動車でもそうだが、僻地を走るローカル線ではそんなものを走らせる余裕はない。

廃止された
上白滝駅

廃止されたものの行き違い用信号場となり、かつてのホームの一部と駅舎が残っている上越駅

中越駅も行き違い用信号場になった

駅をどんどん廃止していくものだから、石北本線の上川—白滝間のように駅間距離が37・3kmにもなって、日本一駅間距離が長い区間になってしまった。

途中には天幕、中越、上越《かみこし》、奥白滝、上白滝の駅があった。天幕、上白滝の両駅は廃止、残りは行き違い用信号場になった。

生田原—西留辺蘂間にあった金華駅も行き違い用信号場になった。同信号場の生田原寄りにスイッチバック式行き違い用の常紋信号場もあったが廃止された。ただしスイッチバック設備はそのまま残してある

表中○印の区間は近年になって、途中の駅を廃止して駅間距離が長くなった区間である。圧倒的に北海道各線が多く、比較的、乗客が利用している札幌近郊区間の千歳線でも乗降客が少なかった美々駅を廃止して植苗—南千歳間が12・0kmの長い駅間になった。

山田線の松草—川内間にあった平津戸駅も廃止された

北海道だけでなく、東北地区の山田線松草—川内間も途中にあった平津戸駅を廃止して駅間距離が17・9kmと長くなった。

ともあれ今後も乗降客が非常に少ない駅が廃止されて距離が長くなる駅間が増えていくものと思われる。

在来線で日本一長い直線区間はどこなのか

新幹線は高速運転をするので長い直線区間がある。東北新幹線の白石蔵王の新青森寄りにある第2白石トンネルの中間地点から仙台駅手前の仙台市境手前の地点までの25・5kmが一番長い。

では在来線ではどこか。地図で中央線の中野—立川間22・8kmを見ると直線になっている。しかし、これは地図上の話で合って、ほとんどの駅では駅の構内で線路がうねっている。なぜ直線にしないのかというと、中央線の電車が混雑緩和のために連結両数を増やしていったためである。

中野—三鷹間を高架にするとともに快速や特急などが走る線路（急行線）と各停専用に線路（緩行線）に分けた複々線にすることになった。緩行線も急行線も10両編成で走ることになった。10両編成対応の210mのホームの長さにする用地はなかった。

しかし幸いなことに、多くの駅では貨物を取り扱っていたために、北側や南側に貨物用側線があった。それを利用して駅構内でホームをうねらせると210mの長さが確保できる。そして現在、グリーン車2両を連結して12両対応の250mにホームを延伸した。大掛かりな線路移設はあまり行われなかったものの、一部の駅では端部で線路を移設して確保した。

三鷹—立川間の高架化では事業主体は国と都などが行う連続立体交差事業だったため、用地買収での鉄道側の負担はない。そのため前後にホームを延ばすことができた。しかし、これは下り本線にだけ言えることで、上り線側が島式ホームに面している東小金井、国立の2駅は北側に線路はうねっているし、武蔵小金井駅では車庫への入出区線のために下り本線もうねっている。連続立体交差事業に関係がない国分寺駅は駅全体が南側にうねっている。

だから中野―立川間は日本一長い直線区間ではない。

室蘭本線白老駅の室蘭寄りから沼ノ端駅手前までの間の30kmも地図で見る限り直線に見える。だが途中の錦岡、苫小牧の両駅で側線などがあるために上下各本線は線路がうねっている。地図上では直線に見えても駅に側線があったりするとどうしてもカーブができてしまう。それでも錦岡駅の苫小牧寄り―苫小牧手前間8kmは日本第2位である。

では、日本一長い直線区間はどこなのかというと、同じ室蘭本線の沼ノ端駅の岩見沢寄りから遠浅駅の岩見沢寄りまでの9kmである。単線時代は早来駅手前までの14kmが日本で一番長い直線区間とされたが、複線化のとき沼ノ端―遠浅間は岩見

立川寄りから見た高円寺駅。貨物側線が北側あったので線路全体が左側に振っている

新宿寄りから見た吉祥寺駅。貨物ヤードが南側にあったのでホームと線路は大きく南側に振っている

立川寄りから見た東小金井駅。右側の下り本線は直線だが、左端の上り本線は中央の中線との間に島式ホームに面しているので北側に大きく振っている

沢駅に向かって左側に線増線を設置したが、遠浅以遠は右側に線増線を並行させたためにここで上下本線はうねってしまったために短くなってしまった。

遠浅駅付近は湿地帯で遮るものはなにもないために室蘭本線を敷設するときに一気に直線で結んだ。室蘭本線の多くの区間で直線が多いのはこのためである。

白老―苫小牧間にある青葉駅。前後の区間は直線

同・錦岡駅では貨物列車待避用の中線があるとともに、単線から複線にするとき、線増線（線路増設線の略）の位置が駅の前後で異なっているために上下本線ともカーブができてしまっている

沼ノ端駅を出ると札幌方面への上り千歳線と並行する。千歳線はこの先でカーブして分かれるが、室蘭本線はあくまで直線で進む

直線は遠浅駅までになっているが、遠浅駅の岩見沢寄りで線増線が下り本線から上り本線に移るためにカーブができてしまっている。手前の上り線と奥の下り線が単線時代本線なので、単線時代は早来駅手前まで直線だった

東北の山岳地帯や日本海側の路線にある謎の標柱

東北の北上線など山間部や日本海側を走る路線ではオレンジ色の地に矢印や数字、「全」や「閉」という文字が書かれている標柱が各所に置かれている。山形新幹線などの幹線にもある。

さらに各ポイントの横に簡易な棒の先に布糸をたくさん張り付けた、まるで神主が打ち広げる榊のような標柱が置かれている。ポイントでの脱線事故がないようにしたいがための「魔除け」では

陸羽東線鵜杉駅にあるロータリー車のための標柱。前方の右側にホームがあるため、右側は「閉」(全閉)、左側は「全」(全開)とし、跳ね飛ばす方向は左斜めにすることを示している。よく見えないがホームの向こうには上に向けた矢印と全全の文字が描かれた標柱がある

山形新幹線(奥羽本線)の大石田駅のポイントの横に置かれた工作物ありの標柱。奥にはロータリ車の雪掻き方向の標柱も置かれている

奥羽本線芦沢駅を通過する山形新幹線電車。その横にもロータリー車用標柱が置かれている

ないかと思えてしまう。

　実はこの標柱は、積雪したときにここにポイントやなにかの工作物あることを示して除雪車に注意を促すためのものである。

　先述したオレンジ地の標柱は除雪車のラッセル開角度とかき集めた雪を吹き飛ばす方向を示している。

　矢印は標柱板の上部に掲げられ、斜め左横、真上、斜め右横を示す矢印がある。線路端の各種工作物や民家に雪を吹き飛ばしてはいけないので、それらがない方へ雪を吹き飛ばす。上への矢印が表示されていると両側になんらかの工作物があるために上に吹き飛ばし、その後、手作業で雪を除去する。このため上に向いた矢印は短区間しか置かれていない。

新庄駅の大曲寄りにある工作部有りを示す標柱

保守用ディーゼル機関車(ロコ)から取り外されたロータリー装置

秋田新幹線大曲駅に待機しているロータリー装置を装着した保守用ディーゼル機関車(ロコ)

　その矢印の下に左右2種のラッセルの開角度が表示されている。「閉」は前方右あるいは左にホームや線路端に置かれている装置があるため開くことをしてはいけないという意味である。次に線路端にある装置の位置によって1～4の開角度を示し、何もないところは「全」、つまり全開して雪をかき集めること表示している。

　これらは東北のとくに秋田地区と岩手地区の山間部を通る路線に多い。

大石田駅の標柱

陸羽西線羽前前波駅では右にホーム、左に工作物があるため、ロータリー開角度は少しだけ広げる4を示し、上へ雪を跳ね飛ばす。その先では両側とも全開にして左に雪を跳ね飛ばす標柱を建てられている

秋田新幹線志度内信号場。工作物ありの標柱が左側にある

同信号場の手前には多数の標柱が建っている

平地を走る路線がスイッチバック駅になった様々な理由

スイッチバック駅といっても、いろいろな形態がある。平地にあるスイッチバック駅は成り立ち上、やむをえない理由や他線との連絡などの理由でスイッチバック駅になっている。

例えば西武池袋線の飯能駅。開業したころは終点折り返し駅で当時の市街地の外れにあった。これを高麗方面に延伸するとき、市街地を通り抜けるには用地買収に難航するのは目に見えている。そこで市街地から外れた東側を迂回して高麗に達しようとした。そのために飯能駅でスイッチバックをする。

飯能駅に進入する高麗方面からの電車。右側の複線は池袋方面からの線路

小田急江ノ島線藤沢駅では東海道本線に並行し

相模大野・片瀬江ノ島方面から見た藤沢駅。左の東海道本線と並行してホームと線路がある

左に曲がっているのが片瀬江ノ島方面。右に曲がって高くなっているのが相模大野方面。相模大野方面は東海道本線を乗り越すために高くなっている

て駅を設置すれば便利だし、やはりまだ市街地化されていない西側のルートをとって江ノ島に達した。

東武野田線柏駅では以南は北総鉄道、以北は千葉県営鉄道が開通させ、それを総武鉄道が買収し、さらに東武鉄道が買収した。買収された二つの路線をまとめて野田線にしたので柏駅でスイッチバック駅になった。

北海道の遠軽駅は当初名寄駅からの名寄本線が遠軽駅を通って網走駅に向かっていた。そこにもっと南を通って遠軽駅の南側から接続する石北本線が開通、こちらのほうが旭川から網走に向かうのにショートカットになるので、遠軽駅でスイッチバックして旭川―網走間の列車を頻繁運転されていた。そして名寄本線が廃止されて実質的にスイッチバック駅になった。

東北の花輪線の十和田南駅は鉄道敷設法によって、三戸を起点に毛馬内（現十和田南）を経て花輪までの予定線として取り上げられたもの

柏駅。左が船橋方面、右が春日部方面の線路

手前は旭川方面、右は網走方面の線路

残っている名寄からの線路から見た遠軽駅

十和田南駅。右手前は好摩方面、左側は大館方面の線路

一畑口駅。手前は電鉄出雲市方面、右側は松江しんじ湖温泉方面の線路

の、なかなか国鉄は建設しなかった。そこで地元は秋田鉄道を設立して同鉄道がとりあえず毛馬内―陸中花輪（現鹿角花輪）間を開通させた。

鉄道敷設法による毛馬内以北は山岳地のため建設が難しいことから毛馬内駅でスイッチバックして大舘への路線を先に開通させた。さらに国鉄は鉄道敷設法成立の前から計画されていた好摩―陸中花輪間の花輪線を開通させ、秋田鉄道を買収して花輪線に編入した。将来的には毛馬内から三戸への予定線を建設するとしていたものの、結局は開通せずに終わって毛馬内改め十和田南駅はスイッチバック駅になった。

山陰の一畑電車は一畑口駅でスイッチバックしている。もともと一畑軽便鉄道が出雲から一畑薬師への参詣鉄道として出雲―一畑間を開通させ、その後、一畑口を設けて松江への路線を開業させた。

そして太平洋戦争末期に一畑口―一畑間は不要不急路線として休止されてレールなどを軍に供出した。そして出雲市と松江を結ぶ路線となったも

❾ 駅ビルから見た富士山駅。まっすぐ進む線路が河口湖方面、右に曲がっているのが大月方面の線路

❿ 地上から見た富士山駅

のの、一畑口駅はスイッチバック駅になってしまった。

富士山麓鉄道も富士山駅（元富士吉田駅）でスイッチバックする。もともと富士吉田駅から山中湖へ線路を延ばそうとしていたのを、反対側の河口湖駅へ先に延ばし、その後、山中湖への延長線の建設をあきらめたためにスイッチバック駅になった。

山を登るためのスイッチバック駅では2度方向を変えるのが基本

平地の鉄道と違って山を昇り降りする路線にあるスイッチバック駅は急勾配に対応するために設置されている。現在の電車やディーゼルカーは35‰（水平に1000m進んだとき35m登り降りする勾配）の勾配のところで停止しても、平気で発進できる。

ところが蒸気機関車はそうはいかない。蒸気機関車牽引の列車では25‰の勾配でも停止してしまうと発車できない。もっとも蒸気機関車が単機、あるいは1、2両の客車を牽引していれば発車は可能だが、多くの客車や貨車を連結しているときは無理である。

そこで急勾配の途中にある駅では勾配がゼロ、

坪尻駅の停車線から阿波池田方面を見る。通過している普通列車が走っている線路が本線、その隣が折返線。停車線と折返線は水平になり、本線は阿波池田駅に向かって25‰の下り勾配になっている

下り本線から坪尻駅の停車線を見る。手前に停車線と水平になっている折返線がある。右カーブしている本線は多度津に向かって25‰の上り勾配になっている

つまり水平になった停車線と折返線を設けて、水平になっている停車線あるいは折返線で発進、勢いをつけて急勾配区間に入る。

停車線だけあればいいのではないかと思われがちだが、機関車牽引列車では常に機関車を先頭に連結しなければならない。停車線だけだと一度向きを変えると、その先では機関車は列車を押して進むことになる。そこで折返線を設けて停車線と折返線の間は推進運転になるが、折返線を出ると機関車が先頭になって通常の運転ができる。

山岳スイッチバック駅の場合、停車しない通過列車は、そのまま急勾配を登っていける。地形が許せば通過列車のための通過線を設置すればいい。

篠ノ井線の姨捨駅や中央本線の

真幸駅の停車線があるホームから吉松寄りを見る。走っている「いさぶろう・しんぺい」号は停車線、次に折返線に入線してから25‰の上り勾配になっている本線を登って大畑駅に向かっているところ

停車線から折返線を見る。手前の線路は人吉方面からの本線で25‰の勾配がある。停車線から水平になっている折返線には真幸に向かう下り列車が止まっている。再び、向きを変えて右側の吉松に向かって25‰の勾配になっている本線を登っていく

新改駅の折返線から阿波池田方面を見る。右上から左下にまっすぐ進むのが本線通過線で左下の後免方面に向かって25‰の勾配になっている。左奥に折返線と水平になった停車線がある。クロスしている通過線もシーサスポイント部分は水平になっている

姨捨駅と稲荷山駅の間に通過形スイッチバック式の桑ノ原信号場がある。通過する特急「しなの」から対向の普通列車が待避線で行き違い待ちをしているところを見る

えちごトキめき鉄道みょうこうはねうまライン（元信越本線）二本木駅も通過形スイッチバック駅。奥が停車線で頭端島式ホーム1面2線と側線がある。右手前が折返線、折返線から右に分岐しているのが直江津方面本線である

通過形スイッチバック駅の姨捨駅。跨線橋から相対式ホームの停車線を見る。奥が松本方面で左側に折返線がある

特急「しなの」は姨捨駅を通過していく

姨捨駅の長野方面本線を走る松本行普通

停車線で停車中に下り長野行特急「しなの」をやり過ごす

特急「しなの」をやり過ごしたのちに松本に向かって発車していく

初狩駅、旧信越本線（現えちごトキめき鉄道）の二本松駅、土讃線の坪尻駅と新改駅などである。

通過線がなく全列車がスイッチバックする駅は肥薩線の大畑駅と真幸駅、豊肥本線の立野駅、木次線の出雲坂根駅などである。

なお、箱根登山鉄道では出山信号場と大平台駅、上大平台信号場でスイッチバックするが、停車線だけしかない。電車しか走らないために進行方向を変えても問題はない。とはいえ3回方向を変えるので、箱根湯本駅で先頭だった電車は上大平台信号場を出ると最後尾になる。

立野駅と出雲坂根駅は3段スイッチバック駅と言われることが多い。しかし、進行方向を変えるのは2回だけである。2回進行方向が変わるので

箱根登山鉄道出山信号場。停車線しかない

出山信号場でスイッチバックして登るとすぐに大平台駅になって2回目のスイッチバックをする

そして上大平台信号場で3回目のスイッチバックをする。言い方を変えれば、出山信号場から上大平台信号場までは4段スイッチバック構造になっていると言える

国道314号のループ橋から見た3段スイッチバックの俯瞰。左下に出雲坂根駅があり、段々畑の右上に雪をかぶった三井野原駅への線路がある。この高低差を3段スイッチバックで登る

宍道方面から出雲坂根駅構内までは30‰の上り勾配になっている。左側の線路は折返線への線路で水平ではなく、やはり30‰の上り勾配になっている

出雲坂根駅で行き違いをする普通備後落合行(右)とありし時の「奥出雲おろち」号木次行(左)

出雲坂根駅のホームは当然水平になっている停車線に面している

停車線である水平区間は行き違いができるように複線になっていて宍道方面からの線路と折返線への線路の間にはシーサスポイントが設置されている

停車線から見た折返線への線路(右)と木次方面への線路(左)。両方とも30‰の勾配になっている

2段スィッチバックというのが、本来のスイッチバック駅の段数としての言い方である。

なにゆえ3段スイッチバック駅と言われる理由は停車線と折返線が離れていて水平でつながっていないためである。出雲坂根駅では停車線と折返線の間は30‰の勾配で500mほどの距離がある。その前後も30‰

いずれも30‰の勾配になっている折返線と備後落合方面との分岐ポイントはシェルターで覆われている

熊本方面から見た立野の折返線への線路。両方とも33・3‰の勾配になっているが、合流してから停車線までは比較的長い水平区間になっている

立野駅の停車線のホームは島式1面2線

熊本方面の線路と折返線への線路との間にはシーサスポイントがある。熊本方面への線路は半径300mの左カーブをし、折返線は400mの左カーブするので徐々に離れていき、折返線でスイッチバックして東進する

折返線と阿蘇方面への線路との分岐点。この先の折返線の入口は3・0‰の上り勾配になっている

の勾配になっている。立野駅では停車線と折返線の間は33・3‰の勾配があり、その間の距離は1㎞ほどもある。

　ということで両駅とも2回のスイッチバックをするものの、線路は3段になっていることから、3段スィッチバック駅と言ったとしても間違いはない。

　立山砂防軌道は立山の常願寺川の渓谷に沿って線路があるので至る所にスイッチバック区間がある。しかも最大18個の折返線がある。機関車牽引の貨物列車が走ることから、どのスイッチバック区間の折返線の数は偶数である。

熊本方面の線路から見た立野駅の折返線への線路。両方とも33.3‰(1000分の33.3)の勾配になっているが、合流してから停車線までは比較的長い水平区間になっている

立野駅の折返線から見た停車線への線路(右)と阿蘇方面への線路(左)

折返線が4か所ある千寿SB(スイッチバックの略)を次から次へ資材運搬列車が通り抜けていく

クズ谷SBの折返線は2か所

欅平SBは18回もスイッチバックする。あまりにも多すぎて全体を見ることはできない

いわて銀河鉄道の奥中山高原駅には加速線という線路がある

　青い森鉄道の奥山高原駅は、元東北本線の奥山駅である。それを東北新幹線八戸延長時に盛岡―八戸間の東北本線を承継して、盛岡―目時間を岩手県が中心になった第三セクターのＩＧＲいわて銀河鉄道（以下ＩＧＲ線）が路線を引き継いだ、目時以北は八戸延伸時に青森県が中心になった青い森鉄道が引き継ぎ、続いて新青森延伸時に青森駅までも引き継いで、東北本線の盛岡以北は消滅した。

　そのＩＧＲ線に奥中山高原駅がある。青森駅に向かって23・８‰の上り急勾配になっている。なお国鉄時代は奥中山駅だったのをＩＧＲ線になってから奥中山高原駅と改称している。

　奥中山駅の上野寄りは青森に向かって23・８‰の上り勾配、駅構内は３・３‰の上り勾配、青森寄りは中山トンネル手前まで23・９‰、中山トンネル内は水平、同トンネルを出ると、今度は20・０‰の下り勾配になる。

　通常ならばスイッチバック方式を採用するものの、奥中山駅では地形上の制約でスィッチバック構造がとれなかった。さらにホーム部分は３・３‰の上り勾配なっているため、加速力が落ちる。

　そこで盛岡寄りに水平になっている折返線を設置した。青森方面の下り普通列車と待避する貨物列車は青森駅に向けて発車するとき、一度、折返線にバックしてから、ホーム部分の線路を含めて勢いをつけてから勾配を登っていく。

　スイッチバック駅の折返線とは違うということ

で加速線と名付けられている。
ディーゼル機関車やディーゼルカーの時代になっても、貨物列車は蒸気機関車が牽引していた。パワーがなく勾配に弱いので本務機関車（本務機）1両のほかに、補助機関車（補機）を2両連結して煙をもくもくと噴き上げて、前部の機関車に機関士と機関助手が乗務して、全機関車の力行（加速）、絶気（加速中止）、ブレーキオンを本務機の汽笛によって指令しながら登る姿は迫力があるものだったし、汽笛が山中をこだましていた。

そのため往年の蒸機ファンから人気があり、「奥中の3重連」と言われて、この勇壮をカメラに収める蒸機ファンが殺到していた。

加速線（中央から奥に伸びる線路）は島式ホームに面し3.3‰になっている中線の2番線と直線でつながっている。両側の本線は盛岡に向かって下り23.8‰の勾配になっている

奥中山高原駅の跨線橋から盛岡寄りを見る。中央の2番線はホームの端でやや右カーブするが、その先は直線で進んで下り本線につながっており、緩い勾配があっても加速を続けることができる

1968年10月のダイヤ改正時に複線電化された。元号でいうと昭和43年なので、このダイヤ改正は「ヨンサントウ」と呼ばれ、全国鉄線で線路改良が進みスピードアップを伴う大幅なダイヤ改正だった。

東北本線では1000t牽引（コンテナ貨車に

して20両編成）の貨物列車が走っていた。奥中山越えはＥＤ75機関車の重連で登ることになったものの、奥中山駅で特急列車を待避する貨物列車は重連牽引であっても加速線を使って青森に向けて走ることになった。ＥＤ75形機関車は総括運転が可能なのである。一人の機関士が運転するので汽笛の響きはなくなった。

現在も貨物列車がＩＧＲ線を通って青森、北海道方面に向かっている。電気機関車牽引の時代であり、青い森鉄道には優等列車はＪＲ直通の快速くらいしかなく、奥中山高原で待避する貨物列車はないが、将来的にないとは言い切れないので現在でも加速線は残っている。

このほかに加速線があったのは中央本線の新府駅である。同駅で加速線を設けたのは単線時代の戦時輸送力増強のために上り塩尻方面列車が下り列車を待避する急造りの加速線だった。複線化されてその役目がなくなり撤去されてしまっている。

奥中山高原駅の跨線橋から青森寄りを見る。中央の2番線はホームの端でやや右カーブするが、その先は直線で進んで下り本線につながっており、緩い勾配があっても加速を続けることができる

山登りのもう一つの手段ループ線

スィッチバック駅の大畑駅の人吉寄りに横平トンネルがある。大畑駅でスィッチバックして吉松駅に向かう線路は25‰の上り勾配で左に大きくカーブして、横平トンネルの上を通り抜ける。そこから大畑駅が見えるループ線になっている。

ループ線になっていなければ、もっと急な勾配になってしまう。ループ線は大畑駅付近のほかに土佐くろしお鉄道中村線の川奥信号場―荷稲間、北陸本線上り線の敦賀→新疋田間、上越線上り線の土合→湯檜曽間と土樽→越後中里間にあって上越国境を越える。

上越線の上り線にあるループトンネルは第1、第2湯檜曽トンネルで上り18・2‰と緩い勾配になっている。越後湯沢寄りでは第2松川トンネルをやはり18・2‰で下る。

ループ線の終了あたりから見た大畑駅。右下の2線の線路の右側が横平トンネルの坑口を出た人吉からの本線で、その上を通っている線路から大畑駅を見下ろしている。左側の線路は折返線。ホームに面していない線路につながっている。その先で左カーブしながら登っていって、写真撮影位置へ進む

「しまんと」は川奥信号場を通過するとすぐに第1川奥トンネルに入る。同トンネルはループ線になっていて、出ると川奥信号場の下を走り抜けていく

予土線（左）と土佐くろしお鉄道中村線（右）が分岐する川奥信号場。中村駅に向かう特急「しまんと」が通過

新疋田―敦賀間で北陸本線上り線は第2、第1衣掛トンネルを抜ける。その手前で福井行下り線と立体交差する。上り線の上部を大阪に向けて走り抜けているサンダーバード、その下を福井に向けて走る下りサンダーバード

敦賀寄りから見た上りループ線。左下に名古屋に向けて走る「しらさぎ」、右上に大阪に向けて走るサンダーバード。ループ線を抜けて一周してもそんなに高くならないのは10‰の勾配になっているためである。10‰にしたのはD50、D51等の機関車が補機なしで登れる限界勾配だからである

敦賀側から見た第2と第1衣掛トンネルの間を走るサンダーバード

10‰の勾配でループ線に入るサンダーバード。この先で80mの道の口トンネルを抜け、下り線を乗り越して第2衣掛トンネルに入る

上越線は高速運転ができるように20‰未満の勾配にしている。このため貨物列車も比較的高速で走る。

上越線を複線化するにあたって下り線を増設にした。この下り線はループ線を設けない代わりに長大トンネルの新松川と新清水の二つのトンネルを地中深く掘って勾配を12‰に

下が小浜線、上が北陸本線上り線。ともに敦賀駅を出ると10‰の上り勾配で進むが、北陸本線上り線はループ線でほぼ半周して、この地点で小浜線の上を走る。大きくまわり込むので、これだけの高低差がついてしまう

上越線湯檜曽駅上りホームから見たループ線を走る水上行

ループ線上にある第2、大1湯檜曽トンネルを抜けて湯檜曽駅上りホームに降りてきた水上行

湯檜曽駅上りホームの水上寄りで新清水トンネルに入る下り線。トンネルに入ってすぐに下りホームがある

ループ線から見降ろした湯檜曽駅上りホーム

上越線ループ区間　越後中里—湯檜曽間上下線関連図

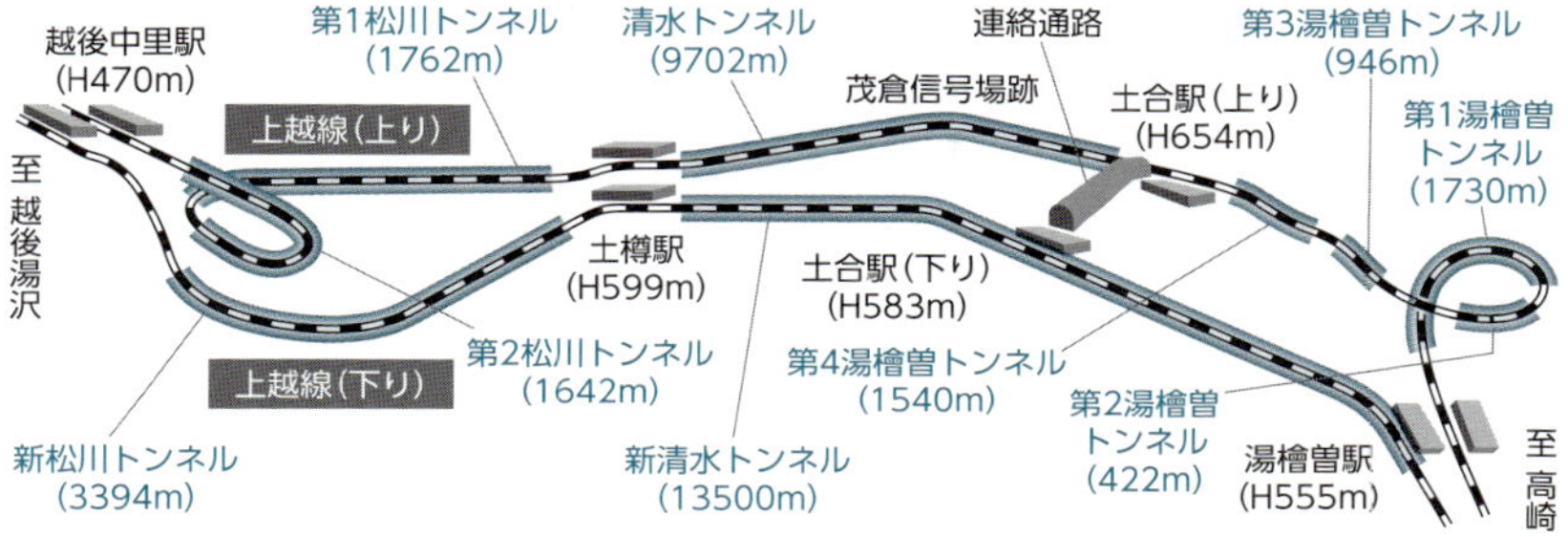

トンネル内にある下り土合ホームへの階段は462段もある

新清水トンネルの水上寄り坑口すぐに湯檜曽駅の下りホームがある

土樽駅の水上寄りを見る。左の線路は上り線で15.2‰の上り勾配になる。左は下り線で3‰の下り勾配で降りてくる

新清水トンネル内にある土合駅下りホーム

緩和させた。その代わりに下り線の土合駅を新清水トンネル内に設置。ホームまで地上から82m下がる階段を降りなくてはいけない。

北陸本線の敦賀→新疋田間の上り線がループ線になっている。下り線が当初からある北陸本線で25‰の勾配があった。蒸気機関車最盛期のころに走っていたD50やD51は1000tもの貨物列車を牽引していた。機関車1両だけでは牽引できないために最後部に補助機関車を連結して走らせていた。

敦賀付近の北陸本線を複線化するとき、1000t貨物列車を1両の蒸気機関車でも牽引できるように、上り勾配になる上り線を10‰の勾配のループ線で線路増設をした。下り線は敦賀向かって降りるだけなので元からあった25‰の線路をそのまま使うことにした。

敦賀駅を出た上り線は小浜線と並行する。小浜線はさほど高い山を越えないために粟野駅の先まで連続10‰の上り勾配になっている。小浜線と分かれた北陸本線も上り10‰の上り勾配で進む。ぐるっと回って再び小浜線と出くわす。小浜線はほぼまっすぐ進むので、同じ10‰の上り勾配でも小浜線と出くわした付近では相当な高低差になっている。

土佐くろしお鉄道の川奥信号場ではJR予土線が分岐する。川奥信号場の標高は163・72m、次の仁子駅は46・97mで標高差は116・75mにもなる。敦賀駅と新疋田駅の標高差は88・04mだから10‰の勾配のループ線にすると相当な距離が必要である。

幸い、北陸本線と違って長大貨物列車が走ることはないのと、昭和38年12月に国鉄中村線として開業し、このころになると気動車の時代になっているので上り勾配に強い。そこで倍の20‰の勾配のループ線にした。

完全ループ線にはなっていないけれども釜石線の上有住―陸中大橋間では半ループ線になっていて標高400・00mの上有住駅を出て長さ2979mの土倉トンネル、次に第1～第6の唄貝トンネル、のほか多数の大小トンネルを抜けると上部トラス橋で115mの鬼ケ沢橋梁を渡る。眼下の斜め前方に陸中大橋駅が見える。
その先で115mの第1大橋トンネル、続いて

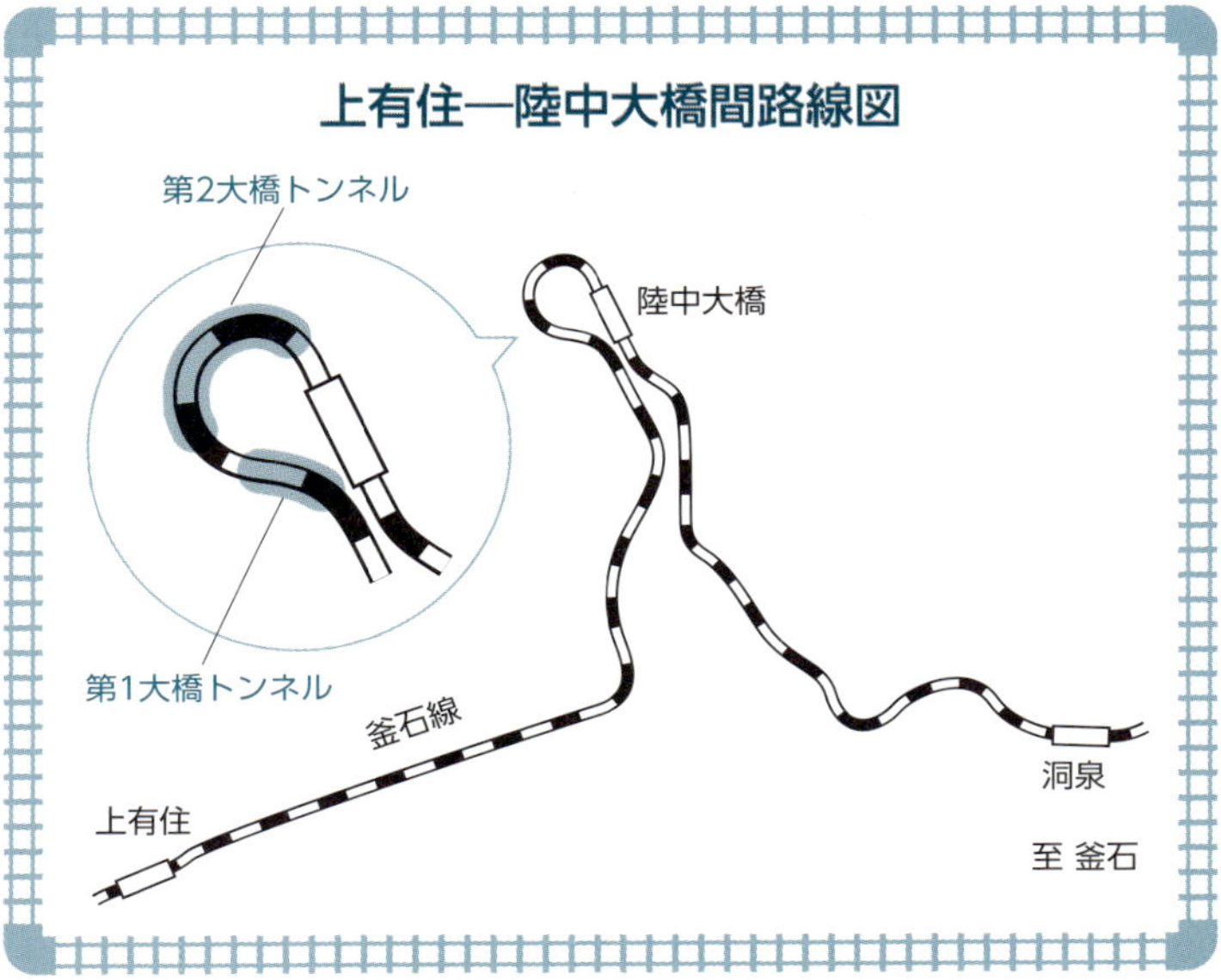

鬼ケ沢橋梁を渡るとき眼下に、これから通る釜石への線路が見える

その先で陸中大橋駅が見えるが立木が邪魔をしてよく見えない。夏期には葉が覆い茂ってもっと見えにくくなる

第2大橋トンネルを出ると陸中大橋駅がある。右側上部の山中に第2大橋トンネルが通っている

陸中大橋駅を出て釜石駅へ向かうとき右手にその前に通ってきた鬼ケ沢橋梁が見える

1280mの第2大橋トンネルに入る。第2大橋トンネルは23・0‰の下り勾配になっていて半径250～300mの右にカーブしていく。ほぼ直角にカーブして第2トンネルを出ると陸中大橋駅になる。

陸中大橋駅の標高は252・62mだから上有住駅から147・38mも降りる。第2の大橋トンネルによって馬蹄形の線形となってUターンして陸中大橋駅に達する。

釜石線は乙線（3級線）だから中村線と同様に高速運転や長大貨物列車が走るわけではないために23‰の勾配でUターンしていく。

特甲線として造られた北海道の石勝線の新狩勝信号場―新得間では二つの馬蹄形で勾配を12‰に緩和している。

新狩勝信号場は札幌寄りにあって廃止された根室本線富良野―新得間のうち石勝線と合流する上落合信号場―新得間は石勝線として存続している。

上落合信号場は延長6790mの新狩勝トンネルの札幌寄り坑口から少し入ったところにあった。根室本線と石勝線との合流信号場だけでなく行き違いもできる設備もあったが、列車の運転本数が減ったために新狩勝信号場とともに廃止された。

旧上落合信号場の標高は448・30m、ここから直線になっている新狩勝トンネルを新得に向かって11・0‰の下り勾配で降りていく。旧新狩勝信号場の標高は391・90mになる。

新得駅の標高は187・70mで旧新狩勝信号場との標高差は204・20mもある。同信号場跡から新得駅まで直線距離で6㎞しかないから、直線で結ぶと35‰近くにもなる。

その間を二重馬蹄形の線形で19㎞に長くして12・0‰に緩和し、現在の特急は時速120㎞で突っ走っている。

旧上落合信号場—新得間路線図

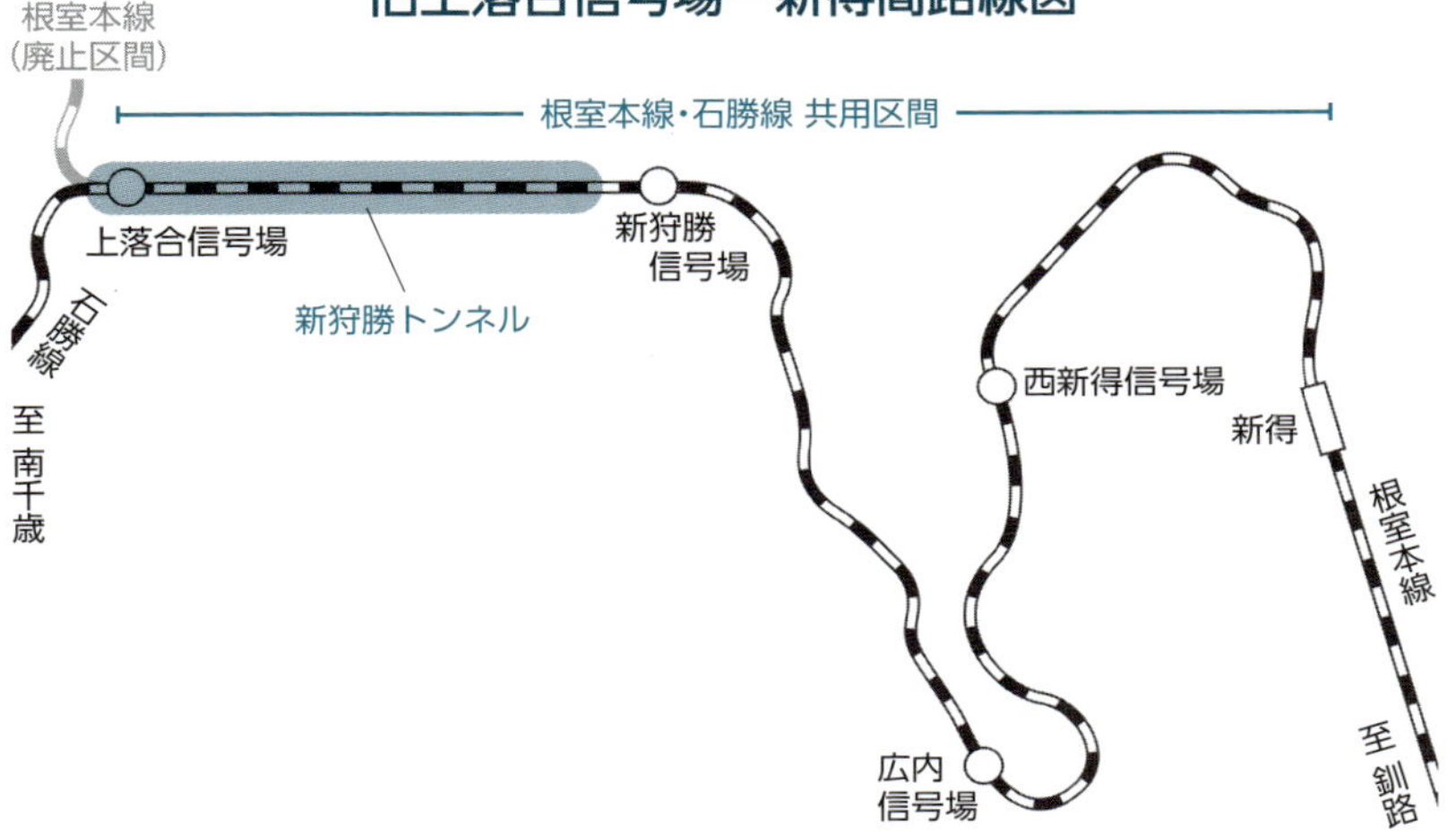

北陸本線衣掛ループ

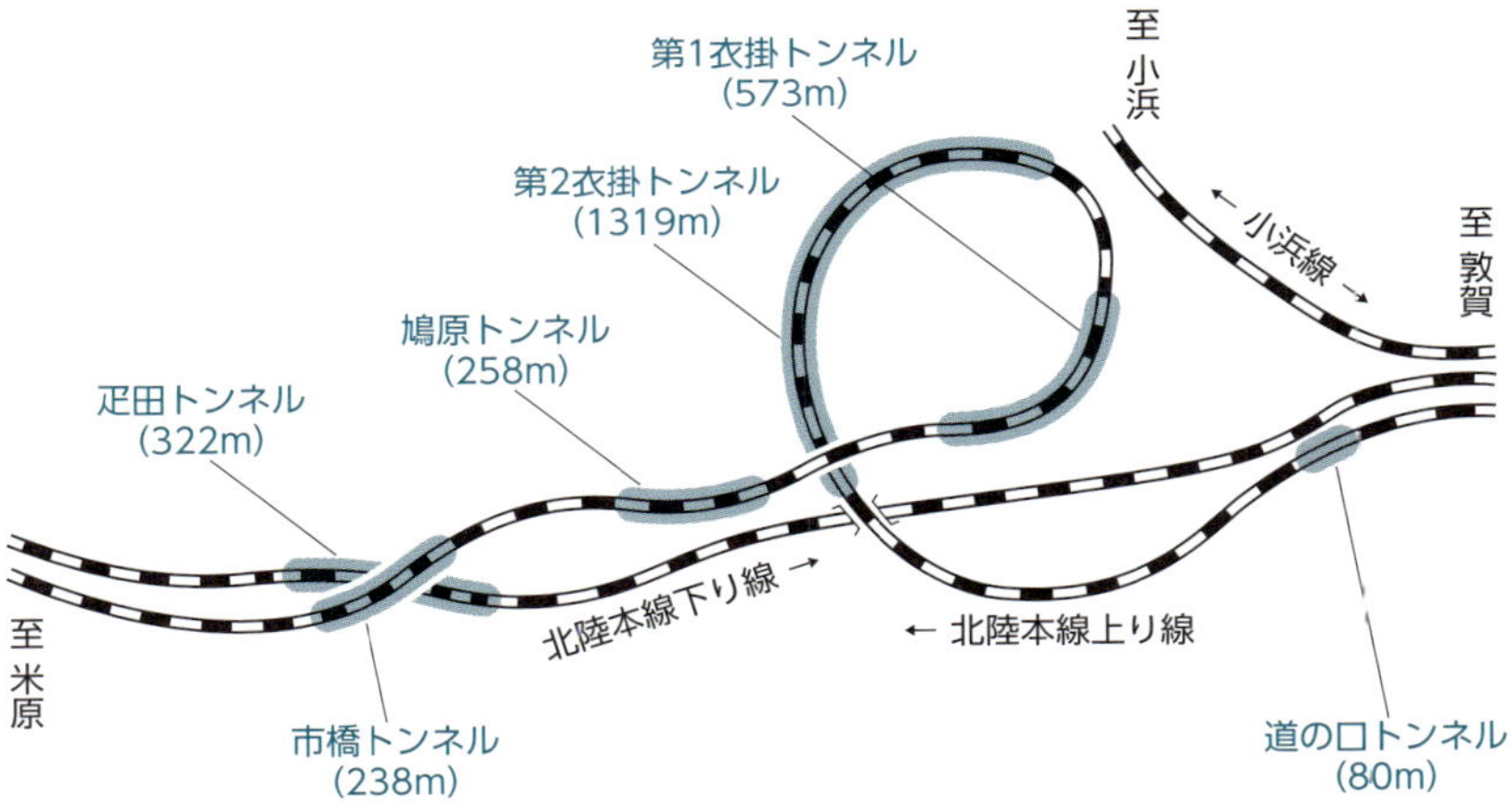

西新得信号場で行き違い待ちをするありし日の快速「狩勝」滝川発釧路行き

新狩勝トンネル内にあった上落合信号場。左側が根室本線、右側が石勝線

西落合信号場—広内信号場間にあるΩカーブ

第3章

都市鉄道の㊙雑学

環状路線、東京と大阪の違い

首都圏の環状鉄道路線にはＪＲの山手線、外環状鉄道と言われる武蔵野線・京葉線、それに都営大江戸線がある。このうち完全に一周運転しているのは山手線だけである。

ただし、山手線は品川―新宿―池袋―田端間は貨客分離の複々線になっていて、電車線と呼ばれる旅客線が田端駅から東京駅を経由して品川まで達して環状運転をしている。

貨物列車のほとんどは武蔵野線経由になり、山手貨物線を走る貨物列車はほとんどなくなった。そのため山手貨物線には埼京線電車が池袋―大崎間で、湘南新宿ラインの電車が田端（信号場）―大崎間を走っている。そのほか成田エクスプレスや「踊り子」などの各種特急も山手貨物線を走る。

武蔵野線は貨物列車の都心通過をさせない目的で東京の外郭に敷設した。横須賀線電車などが走っている品鶴線の新鶴見駅を起点に西国分寺、南浦和、新松戸を経て西船橋までの路線でこのうち府中本町―西船場所間で旅客電車が走っていて完全な環状運転をしていない。

大江戸線も都庁前駅から時計回りに山手線の東側を越えつつ、一周して都庁前に戻り、そのまま放射部として伸びている光が丘駅まで向かって折り返す、６の字運転をしている。だから、環状運転をしていない。

大阪では大阪環状線とおおさか東線、大阪モノレールが環状路線といえる。このうち完全に環状運転をする電車が走っているのは大阪環状線だけで、おおさか東線も大阪モノレールも大阪の東側の外郭を走る半環状運転である。

大崎付近を走る山手線電車（左）と埼京線電車（右）。埼京線電車が走る線路のことを山手貨物線と称している

京橋駅に停車中の環状運転する普通電車

山手線の成り立ち

山手線と大阪環状線は当初から環状運転をする目的で造られたわけではない。また、正式な山手線の区間は品川―新宿―池袋―田端間であり、国鉄時代では同区間を東海道線の部の従属線として扱っていた。分割民営化で消滅したが、国鉄は各路線を部という路線群に分けていた。

たとえば東海道線の部を設置して、その主幹となる路線である東京―神戸間を東海道本線とし、山手線や南武線、身延線、大阪環状線などを東海道線に所属する路線（従属線）とした。時代によって部の区分けや従属線の所属の扱いが異なっていた。

山手線は当時官設鉄道である新橋―横浜間の今の東海道本線と上野以北を走る私設鉄道だった日本鉄道の東北本線を結ぶ路線として造られた。

新橋から北上して上野までの線路を敷設したほうが距離は短く所要時間の短縮になるが、新橋―上野間は江戸時代から市街地になっており、ここに線路を敷設するのは大変である。蒸気機関車が発する油煙は迷惑だし火事の心配もある。当時は自動的に遮断する踏切というものがなく、盛土にしない限り街を分断してしまう。

そこで当時、多摩地区寄りの山手地区の市街地にはなっていない品川駅から新宿を通って赤羽駅で東北線に接続する東京西部のルートで現山手線の品川―池袋―赤羽間を開通させたのである。輸送の主役は貨物だった。この時点では池袋駅は設置されなかった。

その後、日本鉄道は今の常磐線である海岸線が開通した。海岸線は日暮里駅で東北線と接続して上野駅を起点にしていたが、東海道線との貨物列車は山手線を経由するのが得策である。しかし、山手線は赤羽に向かっている。そこで池袋駅を設置して同駅で分岐させて田端に達する線路を開通させた。田端駅では東北本線をトンネルでくぐって三河島あたりで常磐線に接続する豊島線を開通させた。

やがて国有化され山手線沿線は市街地化されていった。市街地を貫通する都市交通機関として高速電車を走らせることになった。

ここでいう高速電車とはノロノロと走る路面電車に比して専用の線路（専用軌道）を荷馬車や人に邪魔されずに走る電車のことである。だから速いといっても、せいぜい時速50㎞程度の速度（現在の最高速度は90㎞）だった。

当初は新橋―品川―新宿―池袋―田端―上野間と池袋―赤羽間を電化して電車運転を行った。東北本線の田端北方に操車場を設置して常磐線の貨物列車は田端操車場（現・田端信号場）に向かう貨物線を開通させ、電車は田端駅手前から大きく右にカーブして上野に向かうルートにした。このため田端から常磐線への貨物線のトンネルは不用になって埋められた。その坑口付近の痕跡は残っている。

貨客混合の複線では貨客とも輸送力が落ちてしまうので、品川―田端―上野間に電車用の線路増設線（線増線）を敷設して品川―新宿―田端間は複々線化された。従来の複線を貨物線、線増線を旅客線とした貨客分離の複々線化を行ったのである。

東京駅が開設されて東京―新橋間が開通、品川に貨物駅を設置して東京―品川間では長距離列車用の列車線と近距離用の電車線による複々線にするとともに、中野駅から御茶ノ水駅まで電化していた中央本線の電車線が東京駅に乗り入れて東海道本線の電車線に接続した。

このため電車は中野―新宿―東京―品川―新宿―池袋―田端―上野間を走る「の」の字運転を開始した。

そして神田―上野間を1925年に開通させて、

ここに電車線による完全環状運転の路線が完成されたのである。

ただし、戸籍上の分類としては東京―品川間は東海道本線の電車線、田端―東京間は東北本線の電車線で正式な山手線は品川―新宿―池袋―田端間の本線と支線の池袋―赤羽間とした。

さらに戦後になって池袋―赤羽間は赤羽線として分離した。埼京線電車が赤羽―池袋間を直通していて埼京線の愛称で案内されている。

今でも池袋―赤羽間は赤羽線、赤羽―大宮間は東北本線の別線区間として戸籍上は取り扱われている。

つまり埼京線の名称は正式にはなく、あくまで愛称である。

1 赤羽線板橋駅にあった貨物ヤードは埼京線電車の留置線に転用している

大阪環状線の成り立ち

大阪環状線も天王寺─大阪─西九条─新今宮─天王寺間と1周しているが、全区間が大阪環状線ではなく、新今宮─天王寺間は関西本線に所属し、大阪環状線電車用線路があって同区間は複々線になっている。また、地元では大阪環状線と「大阪」を冠せず、単に「環状線」と呼ぶのが当たり前になっている。

明治中期（1890年頃）に、湊町（現JR難波）から名古屋までの路線を核に周辺の各種路線を持つ大阪鉄道に対して、国は官設鉄道に接続することを要求した。そこで大阪鉄道は天王寺駅から分岐して大阪駅に達する路線を、1895年に開通させた。その後、大阪鉄道は関西鉄道と合併した。大阪─名古屋間を核にした大阪東部に路線網を持つようになった関西鉄道は国有化され、天王寺─大阪間は城東線となった。

その前に大阪駅から南西の安治川口への主として貨物を輸送する西成鉄道が大阪─西九条─安治川口間を開通させた。その後、国有化され西成線となった。

城東線は電化されて電車が走るようにするとともに、貨客分離対策のためさらに東側に東海道本線の吹田駅から関西本線の加美までの区間を城東貨物線として建設するとともに、京橋駅北部に淀川貨物駅を設置した。淀川貨物駅は1982年に廃止された。

1985年には淀川貨物駅に隣接していた淀川電車区が廃止された。片町線との出入は淀川貨物駅への連絡線を廃止せずに使用していたので、この線路も廃止された。

また、新今宮駅から浪速貨物駅を経由して大阪東港駅、大阪港駅への大阪臨港線を開通させた。大阪臨港線は１９８６年に廃止したものの、立体交差で分れていた境川信号場跡は、立体交差の高架構造物を撤去せず、貨物線の線路だけ撤去したので、ここに境川信号場があったことはあきらかに分かる。

そして浪速貨物線の途中の境川信号場から西九条までの高架線を建設、西九条―大阪間の西成線も高架化して西九条駅で両区間を接続したので、環状運転が可能になり大阪環状線となった。

また、東海道本線の大阪駅付近の貨客分離として吹田

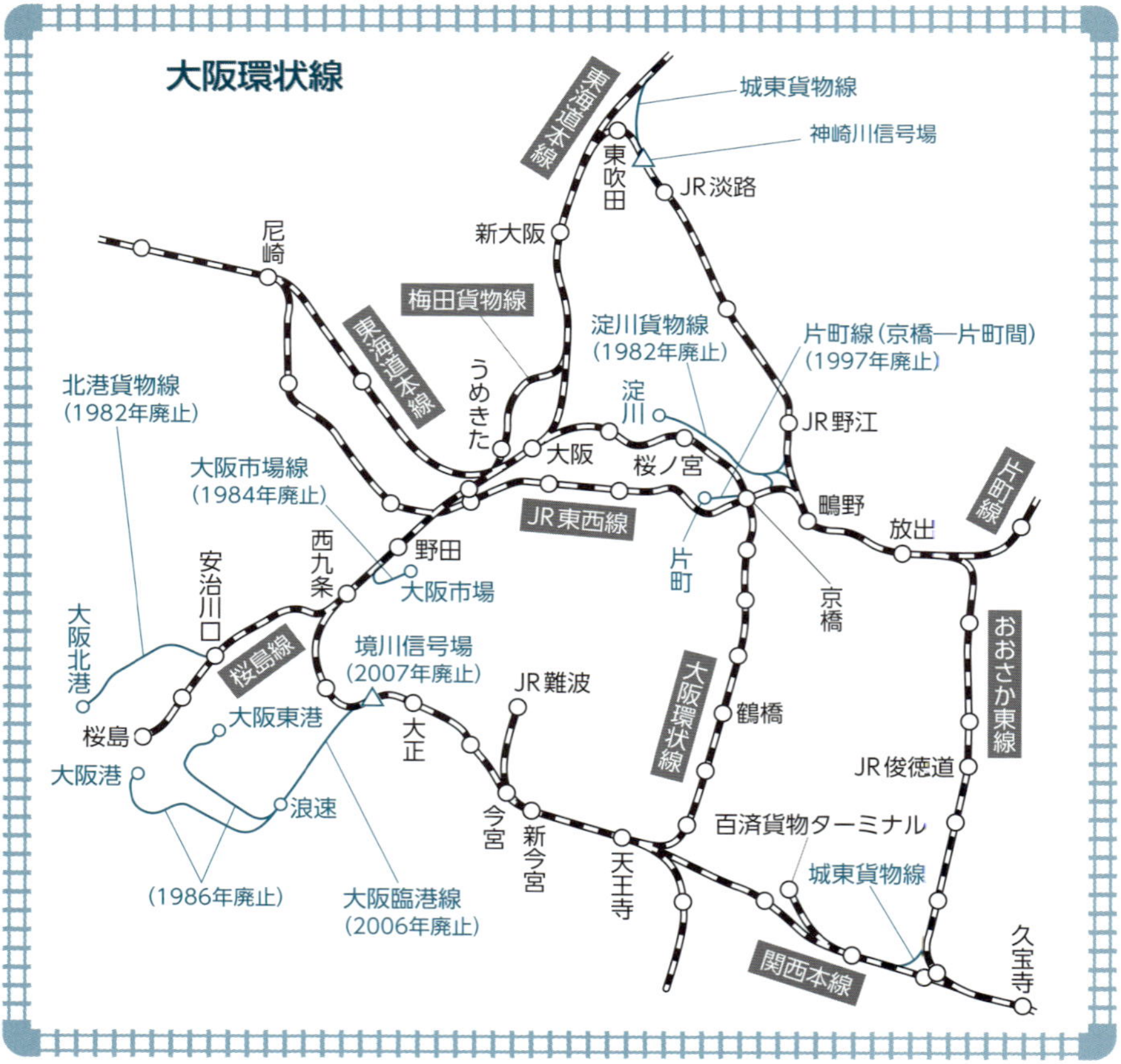

—梅田間の梅田貨物線を設置、その梅田貨物駅から西成線を経由して桜島線の安治川口、桜島まで東海道本線から直通できるようにした。福島—西九条間では高架複線の電車線と並行して単線高架の貨物線を並行させた。途中で大阪市場への貨物線も分岐するようにした。安治川口駅から分岐して大阪北港までの北港貨物線があったが、1982年に廃止した。

大阪環状線となったのは1964年と東京の山手線よりもずいぶん遅くの完成である。

天王寺寄りから見た境川信号場跡

現在も残っている浪速貨物駅への線路跡（左下）

福島—西九条間では大阪高架駅からの複線と福島駅で地上に出て合流する、うめきた地下ホームからの梅田貨物線の単線の3線が並ぶ

山手線と大阪環状線の比較

山手線の営業キロは34・5km。対する環状線は21・7kmと山手線にくらべて環状線は6割程の長さ。平均駅間距離は山手線が1・15km、環状線が1・08kmになっている。

昼間時の1周の所要時間は山手線が65分を基本にしているのに対して、環状線は終日45分になっている。以前の環状線電車は40分だったが、45分と5分遅くなった。

表定速度は山手線が31・8km、環状線が28・9kmだが、環状線の所要時間が40分だったときは32・5kmだった。

昼間時の山手線の運転間隔が5分、環状線は快速と普通があって完全環状運転の普通の運転間隔は15分と結構長い。環状線の運転間隔は長いが、その15分毎の間に関空・紀州路快速と大和路快速がそれぞれ各1本走る。両快速は天王寺駅始発で鶴橋、京橋、大阪、西九条、新今宮と通り、天王寺に戻って関空・紀州路快速は天王寺駅から阪和線に入って日根野駅で分割、関西空港駅と和歌山駅に向かう。大和路快速は奈良方面に向かう。上りも天王寺駅に入って環状線を一周して天王寺駅に戻って折り返している。

両快速は天王寺—鶴橋—福島間各駅、西九条、弁天町、大正、新今宮に停車する。通過するのは野田、芦原橋、今宮の3駅だけであり、天王寺—鶴橋—福島間は普通と合わせて5分の等間隔になる。ぐるっと回って西九条—大正間では快速と普通との間隔は4分または6分、新今宮駅では2分または8分になっている。

通過する野田、芦原橋、今宮駅では15分間隔と長いが、他の駅ではさほど間隔が長くなってないし、今宮駅では関西線の普通も停車するので天王寺方面に行き来する場合は運転間隔がそれほど長くはならない。

所要時間40分の時代は一周する普通電車は10分毎にして、その間に天王寺折返の大和路快速を20分毎、関空・紀州路快速は京橋折返にしていた。関西線も阪和線も20分サイクルに快速・普通が運転されていた。

両線ともこれを15分サイクルに改め、関西線は普通と快速（大和路快速）、阪和線は普通と快速（紀州路・関空快速）のほかに区間快速を走らせている。環状線を1周する直通電車は快速だけ、残りの関西線電車はＪＲ難波発着、阪和線電車は天王寺駅の高架ホームを発着にしている。

もともと環状線の西側の乗降客は少なかったので運転間隔が長くなっていても、さほど不便だという苦情は少なかった。といっても野田駅は乗降客が比較的多く15分毎はいくら何でも長すぎる気はする。

これを解決するには桜島線直通の大阪─桜島間の運転だろう。こうなると桜島線にあるＵＳＪに行くのに便利になる。大阪駅での折り返しができないことはないが、折り返しのための引上線は西九条寄りにあるので、折り返し作業は３度行う必要がある。

後述するように大阪うめきたホーム経由の特急が運転されており、本来ならうめきたホーム折り返しのおおさか東線電車を桜島まで直通するのがいいが、梅田貨物線のうめきたホーム以南は単線のためにダイヤに余裕はないし野田駅にホームはない。途中に通行量が多いなにわ筋とは踏切で交差し、これを解消する立体化は難しく、なにわ筋の渋滞を助長する。

将来的にはなにわ筋線ができて特急はすべてなにわ筋線経由になるから、梅田貨物線経由のおおさか東線の電車を桜島駅に延長運転することが可能になるとともに、野田駅の梅田貨物線に廃止された市場線の路盤跡などを流用して島式ホーム２面３線にすればいい。

環状線の西九条—天王寺間には梅田貨物線を通る大阪うめきたホーム経由の関空特急「はるか」が30分毎、紀勢線特急「くろしお」が1時間ごとに走る。

梅田貨物線は福島—西九条間で環状線と並行する。梅田貨物線は新大阪が起点で、うめきたホームを経由して西九条駅に至り、新大阪—うめきたホーム間が複線、以遠が単線である。

うめきたホームに乗り入れる前は新大阪—梅田貨物駅間が複線だったものの、新大阪駅の発着線は1線だけ、西九条駅では天王寺方面行は環状線外回り線を経由して、桜島線が発着する中線を通って内回り線に転線していた。

天王寺方面から京都方面行も西九条駅の中線を通っていた。このため新大阪—西九条間で上下電車のすれ違いは新大阪駅南側から梅田貨物駅までのわずかな距離の複線区間で行わなければならず、ダイヤ作成に苦心していた。

現在は新大阪駅の大改良を行って梅田貨物線を走る電車の発着線は4線に増え、西九条駅で梅田貨物線を走る特急の天王寺方面行は逆方向を走る外回り線を横断するという難点はあるものの、中線を経由せずに西九条駅手前で内回り線に進入できるようにした。

天王寺駅からの特急も西九条駅手前で従来からある梅田貨物線の貨物列車行き違い用の安治川口行線路へ外回り線からの渡り線を設置し

西九条駅付近配線図

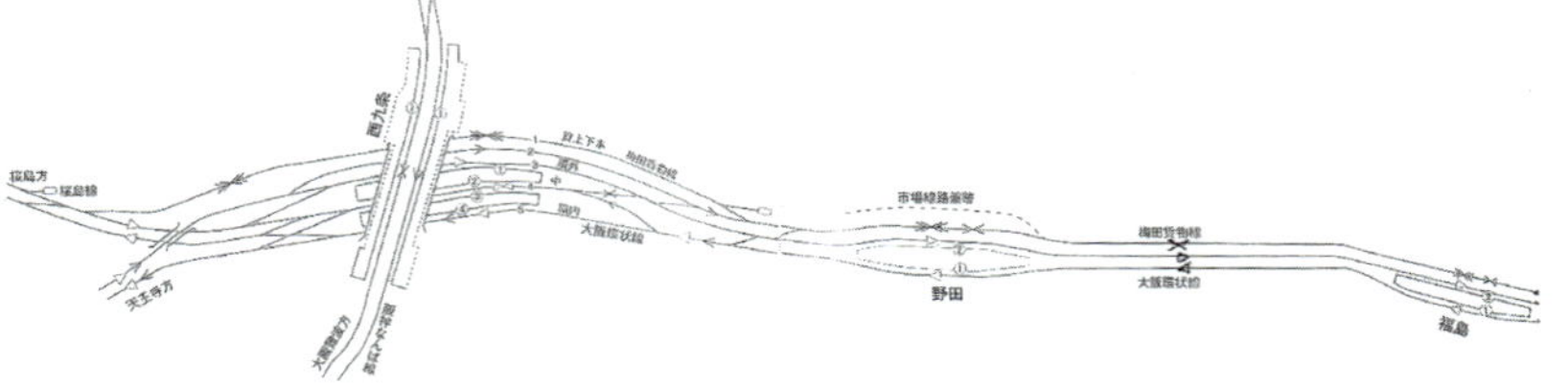

た。この結果西九条駅で上下特急の行き違いも可能になった。

環状線に乗り入れる大和路快速や関空・紀州路快速が20分毎から15分毎になった。そのため1周の所要時間が40分ではわかりやすいダイヤにならない。そこで大阪駅と天王寺駅の停車時間を3分程度にして1周の所要時間を45分と遅くして15分サイクルに1周する電車と大和路快速、関空・紀州路快速を各1本走らせるわかりやすいダイヤにしたのである。

一方、山手線は国鉄時代の1970年代に快速を走らせる構想があった。しかし、昼間時でも運

天王寺寄りから見た西九条駅。環状線複線線路が広がって、その間に桜島線の複線が割り込むとともに左側には梅田貨物線につながる貨物連絡線が並行する

西九条駅で環状線外回り線から分岐するうめきた・新大阪行線路。この線路は少し前まで梅田貨物線の安治川口行行違線だった。右側の旅客ホームは島式ホーム2面3線で中線は桜島線電車が発着する

西九条駅から野田方を見る。左端は西九条駅構内で単線になった梅田貨物線上下線、その隣は元梅田貨物線安治川方面の行き違い用下り線、現在は特急新大阪方面への線路になっている

転本数が多くて快速を走らせてもさほど速くはならないので、いつしかさたやみになった。

　それでも快速を走らせてほしいという要望があった。東京―品川間と田端―上野間には東海道本線と東北本線の列車線があり、東京―品川間の列車の中間駅は新橋駅のみ、東北本線は電車線と離れた尾久駅があるものの赤羽駅まで中間駅はない。

　そこで昼間時に限って並行している京浜東北線の田端―田町間に快速を走らせた。続いて埼京線ができたのちに山手貨物線に乗り入れて新宿駅まで延長運転が開始されると、池袋―新宿間をノンストップで走った。

　さらに湘南新宿ラインと称して山手貨物線を走るようになり、(赤羽)、池袋、新宿、渋谷、恵比寿、大崎に停車するようになった。埼京線電車も大崎駅まで延長運転され、東京臨海高速線に直通するようになるとともに、近年になって相模鉄道と直通運転をするようになった。

　また、上野―東京間の回送線（一時的に秋葉原―東京間は閉鎖）を定期運転できるように整備して、上野・東京ラインと称して（赤羽）、日暮里（常磐線電車のみ）、上野、東京、新橋、品川と停車する。

　山手線一周をする快速は走っていないが、山手

4 田端駅で並ぶ山手線電車と京浜東北線電車

5 浜松町付近を通過する上野・東京ライン宇都宮行

西武新宿線は西武新宿—高田馬場間で貨物線を含む山手線と並行するので、これも山手旅客線に対する快速線と言える

山手貨物線の高田馬場駅付近を走る埼京線電車。高田馬場駅は西武新宿線と地下鉄東西線と連絡するので山手貨物線にもホームがほしいところ

大塚駅を通過する山手貨物線を走る湘南新宿ライン

浜松町駅を出た京浜東北線電車。田端—田町間で京浜東北線電車と山手線電車は方向別運転をする

五反田駅の山手貨物線を通過する埼京線・りんかい線直通電車

同・相鉄・埼京線直通電車。山手貨物線は目黒駅南側まで田端に向かって旅客線の左側を走り、目黒駅から先は右側に移る

貨物線にホームがないものの田端駅から新宿経由大崎駅までは湘南新宿ラインと埼京線電車、そして田端駅から京浜東北線と並行して東京駅経由で品川駅までは昼間時の京浜東北線と上野・東京ラインが山手線の快速になったようなものである。

このこともあって昼間時も混んでいた山手線は空いてきて昼間時の運転間隔は3分30秒の運転間隔から5分毎の完全等間隔ダイヤになった。

かつての山手線の昼間時の1周する所要時間は63分だった。運転間隔を3分30秒にすると、運用本数はちょうど18本になる。しかし、63分サイクルなので毎時の発車時分は揃っていなかったし、少し遅れるとダイヤが乱れてしまっていた。

田町—品川間に高輪ゲートウェイ駅ができて、1周時間は64分と遅くなった。そこでさらに1分ほど余裕時間をとって65分にするとともに運転間隔を5分にした。そうすると毎時の発車時分も一定になりわかりやすくなった。

浜松町駅で並んだ山手線電車(左)と京浜東北電車(右)

大きく異なる首都圏と関西圏のホームドア

ホームドアはホーム転落事故を防ぐ最大の安全装置である。しかし、首都圏と関西圏ではホームドアについて大きく異なっている。

首都圏では20m４扉車に合わせてホームドアが設置されているところが多い。ホームドアの普及がなされないのは各種車両によって扉の位置がバラバラであることが最大の難点だった。20m４扉車といっても扉の位置が微妙に異なっていて、初期のホームドアでは対応ができなかった。

そこで上下可動式、バー方式などの各種方式が試作されていた。東急田園都市線の宮崎台駅では電車側のホーム端から１・５mほど後退した位置に20m４扉対応のホームドアを設置した。当時、田園都市線では混雑緩和のために6扉車が連結されていた。そのために大きく後退させて扉の位置がずれても乗降ができるようにホームドアの位置を後退させたのである。

その後、広幅ホームドアが開発されて少し扉の位置がずれていても対応できるようになったが、それでも1、２扉の特急が混在して走る路線では設置が難しかった。

東武伊勢崎線では日比谷線直通電車だけが8両編成の18m３扉車、他は6〜10両編成の20m４扉車だった。編成両数に違いがあっても、次に来る電車が何両編成なのかは把握できているから、それに対応した可動柵だけを開ければいい。しかし、3扉車と4扉車では対応するには可動柵を移動させるといった複雑な機構が必要だった。

そこで日比谷線直通電車も7両編成の20m４扉車にすべて置き換えて対応することになった。ただし特急停車駅では依然として対応が難しい。

小田急には特急ロマンスカーが走る。特急車は車種によって扉の位置が異なる。そこで最新のGSE車はご自慢だった連接車の使用を諦めて20m車体にして、20m4扉車の可動柵の1か所に対応したところに扉を設置した。

中央線の立川以西では20m4扉の通勤形と3扉の中距離電車、それに1扉の特急車が走る。特急車はすでに20m4扉車に対応したところに扉がある。合わないのは中距離電車だけだが、ゆくゆくはこれも4扉車にするという。

通常のホームドアは重いためにホームが支えきれなくなる。そこで軽量にするためにバー式のスマートホームドアなども町田駅に採用、東急や相鉄では昇降式ホーム可動柵を試験的に設置したりした。

関西のJR西日本では環状線の各駅については20m3扉車対応のホームドアにした。このため従来の4扉車はすべて3扉ロングシートの通勤形に置き換え、快速用の3扉転換クロスシート車と同じ位置に可動柵を置いた。また、西九条駅の特急停車を廃止した。

しかし、京阪神地区のすべてではそうはいかない。3扉転換クロスシート車の快速・新快速用と普通用の4扉ロングシート車、それに特急車が混在して停車する。

そこでロープ昇降式の可動柵を開発し、混在して停車するホームにはこの方式の可動柵を設置した。ただし高槻駅では外側線は3扉新快速と1扉特急車が停車するのでロープ昇降式可動柵にしているが、内側線では元来、追越線だったほうを4扉対応、元来、待避線だったほうを3扉対応のホームドアにした。ロープ昇降式可動柵は軽量なので、ホームをささえる支柱をさほど強化する必要はないという利点もある。

すべてロープ昇降式可動柵にしてもいいが、ロープ昇降式はロープで仕切っているだけなので、上昇するときにカバンや服の袖を巻き込んだりする恐れがある。そんなときには安全装置が働いて昇降をストップするが、そうなると停車時間が長くなって遅れの元である。ロープ昇降式は安全ではあってもその心配がついて回る。できれば通常のホームドアの方がいい。ということで高槻駅では3種のホームドアが置かれている。

ただし非常に混雑している大阪駅の新快速や快速が停まるホームに設置され、三ノ宮駅ではすべてのホームにロープ昇降式が採用されている。そういった事故は起こったことがないという。このため今後はロープ昇降式可動柵がどんどん設置されるものとおもわれる

芦屋駅では新快速は待避線側、普通は追越線側に停車、快速は追越線側、普通は待避線側に停車していた。これを高槻駅と同様に普通は追越線側、快速・新快速は待避線側に停車するように改めた。これによって3扉対応と4扉対応に分けたホームドアの設置がなされる。

関西私鉄では2扉車から4扉車まであり、車体長も19m車か21m車のほぼ2種に分かれている。さらに近鉄と南海は1扉が基本の特急などがあって、車種によって扉の位置は統一されていないところが多い。

阪急十三駅では広幅可動柵のホームドアを採用したが、京トレイン用の6300系の中間車のドア位置が連結面寄りにあったため、対応できないとして、この6300系を使う京トレインは快速特急Aとして十三駅を通過するようにした。そのち2022年12月に快速特急Aを廃止、京トレインは7000系改造の京トレイン雅楽だけとなり、6300系京トレインは2023年11月に廃車になった。

阪急は京都線特急用に新2300系を2023年に登場させ、2024年7月から運用を開始した。大阪梅田寄りから4両目には座席指定席車のPRiVACE（プライベース）車を連結している。9300系にもプライベース車を連結して、両系列で特急の運用にあたる。プライベース車の扉は3扉車の中央の扉の一つのみが設置されてホームドアと対応している。

京都レイン雅楽用の7000系は3扉のうち中央の扉を廃止して2扉車としてホームドアと対応

させているのに対してプライベース車は両側の扉をなくして中央の扉だけを残した。

とはいえ車両の端部は台車の外側、オーバーハング部にあって、中央部分にくらべてどうしても乗り心地が悪くなる。このため一般的な特急車ではトイレや洗面所などサニタリースペースに使う。

最近の台車の乗り心地向上対策によって揺れが少なくなった。とくに阪急の台車設計はすぐれている。乗降時間を短くして1両に1か所だけ扉を設置するなら、端部に置くよりも中央のほうがいい。

阪神では三宮駅にホームドアを採用した。近鉄奈良線と直通する快速急行は19ｍ３扉で6、８両編成の阪神車と21ｍ４扉の6、８両編成の近鉄車が走り、通常の横スライド式のホームドアでは対応できない。そのため快速急行が発着する中線はロープ昇降式を採用した。

両側の発着線は19ｍ３扉車だけが発着するが、山陽車が直通してきて阪神車と微妙に扉の位置が異なる。そこでかなり広幅の横スライド式ホームドアを採用している。

大阪うめきたホームの21番線には全閉式で可動柵そのものが移動するホームドアを採用している。しかし、複雑で高価のためか21番線以外に採用していないし、どこの位置に可動柵が開くか、一瞬戸惑う人が多い。やはりロープ昇降式にするのがいいといえる。

このように首都圏では大多数の線区では20ｍ４扉車に、京成、都営浅草線、京急、北総鉄道関連は18ｍ３扉車に統一する方向に進め、異端な車両に対しても可動柵の位置に扉を設けて、それに対応して可動柵の開閉をしている。京急の2扉クロスシート車に対しては広幅可動柵とＱＲコードによって2扉車と3扉車の判断をさせて可動柵を開閉するという簡易な方式を採用している

一方、関西では扉がバラバラな電車が走るところではロープ昇降式、３扉か4扉に統一されているホームで広幅可動柵のホームドアを採用する。安全柵方式の使い分けをする方向にして、車両の統一は2の次にしている。

相模鉄道いずみ野線弥生台駅に試験設置したバー昇降式ホーム柵。現在は通常のホームドアになっている

東急田園都市線に試験設置したロープ昇降式ホーム柵。現在は通常タイプのホームドアになっている

JR八高線拝島駅に設置したバー昇降式ホーム柵（下降時）

JR八高線拝島駅に設置したバー昇降式ホーム柵（上昇時）

京王布田駅に設置されている全閉式ホームドア。元来はこれがホームドアであり、他はホームゲートと呼んでいた。布田駅が全閉式になっているのは、布田駅前後の調布―国領間が駅間が短く排煙設備が少ないために、火災時に発生する煙が布田駅に入り込まないようにするため

関西で普及しつつあるロープ昇降式ホーム柵。新快速進入時の下降中

京阪特急と快急の6号車には1扉のプレミアムカーが連結されているため、6号車の可動柵は1か所だけが開く。京橋駅にて撮影

阪神神戸三宮駅の左の1番線は3扉対応広幅ホームドア、右の2番線はロープ昇降式ホーム柵になっている。1番線には山陽車が進入中、2番線は近鉄車が停車している

同・ロープが降りた状態。JRよりもロープの数多いので間隔が狭い

京阪枚方市のホームドアは1・2・3扉対応の広幅可動柵。特急の4号車は2扉2階車両なので1両に3か所あるうちの2か所の可動柵が開く。枚方市駅にて撮影

混雑している大阪駅でもロープ昇降式ホーム柵が設置されている

阪急宝塚線の十三駅4号線に設置された広幅ホームドア

通勤用座席指定席車の関東と関西の対応があまりにも違う

阪急は座席指定席のプライベース車を採用して、非常にゆったりしている。これはライバル路線である京阪の特急などに連結されている座席指定席車のプレミアムカーを大いに意識している。

京阪のプレミアムカーも横1&2列のリクライニングシートを採用して座席はゆったりしている。特急用8000系に連結されるだけではなく、快速急行用3000系にも連結されるようになった。

関西では近鉄と南海が座席指定の特急を走らせている。近鉄では観光特急や名阪間を走る特急の一部。南海は関空特急のラピートのスーパーシート車には横1&2列のリクライニングシートを持つスー

京阪門真市駅を通過する快速急行3000系。後ろから3両目（6号車）がプレミアムカー

京橋駅に停車中の3000系プレミアムカー。プレミアムカーには女性係員が乗務している

パーシート車やデラックスシート車を連結している。

一般の座席指定席は横2&2列の4列シートだが、シートピッチは長くリクライニングシートでゆったりしている。

これは首都圏の小田急や東武鉄道、西武鉄道の特急、とくに小田急の千代田線直通用MSE車など快適な座席を持つ車両に言える。だが、通勤時に走らせている〇〇ライナーという座席指定席車では大きく事情がことなる。まずは詰め込み輸送が目的の一般通勤電車と同じ4扉車の扉間のシートをクロスシートかロングシートに変化する、L／Cカーとなっていることである。

東京メトロと東武東上線、伊勢崎線の日比谷線直通用、西武鉄道、京王電鉄ではL／Cカーが導入されて

京阪の特急快速急行停車駅にあるプレミアムチケット販売機。画面には5列車ぶんの空席状況と目的駅までの指定をタッチパネルで指定して、QRコードと電子マネー、クレジットカードで支払うが現金は使用できない

京阪3000系プレミアムカー車内。座席背面を見る

3000系一般席車は3扉横1＆2列転換クロスシート。この座席でも快適だが確実に座れてもっと快適なのがプレミアムシート

同・座席正面から見る

おり、東急大井町線と東横線では1両だけL/Cカーが連結されて、ラッシュ時にクロスシートにして指定席料金を徴収している。大井町線では田園都市線との直通客が多く、それなりに利用されているが、東横線では短距離乗車が多く、利用者は少ない。

閑散時に指定席料金をとらないでクロスシートで運行しているのは東武東上線の川越特急だけで、他は閑散時にロングシートにして指定席料金をとらない一般電車として走らせている。

ロングシート時とクロスシート時の扉間の座席定員は6人で同じ、座り心地もかわらない。違うのは座席の向きだけである。ただ座れるだけの座席で指定席料金を支払っている。

4扉車にしているのは各駅でのホームドアとの対応だろうが、指定席モードのときは各停車駅で

東京メトロ日比谷線八丁堀駅を発車した東武日比谷線直通用L/Cカー70090型

ロングシートモード時の東武70090型L/Cカー車内

2人掛けユニットで回転する

は1両につき1か所だけ扉を開けている。それならば開けていない扉の空間は非常に無駄である。

座席指定だけで指定料金をとっているということで、利用者も歓迎しているものの指定席料金は400円から500円くらいもする。京浜急行の2100形2扉転換クロスシート車だが、乗客の手動によって座席の向きを変えることができない。それでも指定席料金として300円をとっている車両や列車がある。

L／Cカーを最初に実用化したのは近鉄である。長距離運転をする急行に採用して、閑散時はクロスシート、ラッシュ時はロングシートにした。混んでいるラッシュ時にロングシートにして迅速に乗り降りをしてもらうためである。そのため指定席料金などの設定はしなかった。

そしてコロナ禍のときはラッシュ時であってもクロスシートにした。クロスシートにすれば感染しにくいと判断したためである。近鉄のL／Cカーは直通先の阪神線にも乗り入れていた。コロナ禍前はロングシートにして乗り入れるという協定だったが、コロナ禍のときはクロスシートのまま乗り入れていた。

関西でも転換クロスシートを使う車両で座席指定席料金を300円にして走らせているのは京阪のライナーだけ（プレミアムカーはこれよりも高くしている）である。

阪神も転換クロスシート車で指定席料金を試験的にとったこともあるが200円だった。比較的距離が長い京阪間では途中の駅で降りずに京阪間を乗り通す観光客も多く、デラックスなプレミアムカーやプライベース車の需要があるが、距離が短く全線が市街地化している阪神間では途中で降りる客も多く指定席の需要はあまりない。指定席料金が200円でも高いと感じる人が多く、これを100円にしたとすると収益はあまりない。阪神で指定席が必要なのは長距離を走る近鉄特急の乗り入れであり、それを採用する可能性はある。

阪神間では阪急神戸線やJRも同様だが、京都や姫路直通だと話が違ってくる。京都―神戸―姫路間で指定席車を走らせるためにJRはAシート車を登場させている。阪神も山陽電鉄と相互直通しているので、同様にデラックス車の投入に期待ができる。

しかし、首都圏のようなL／Cカーでは、阪神の利用客だけでなく大半の関西利用客はそっぽを向く。せめて回転リクライニングシートの車両でないと利用しないのが関西の利用客だろう。

首都圏での着席サービスは京成や東武、西武、小田急の各特急形車両によるもの、あるいはJRの2階建て普通グリーン車ならば許されるだろうが、4扉L／C車で指定席料金をとるというのは、ラッシュ時には中間駅で座れないことからの着席サービスではある。しかし、いつでも座れるならば、こんな座席に指定席料金を出してまでして利用しない。確実に座ることができる京王八王子駅ではライナーを利用する人は少ない。

プレミアムカーは1扉

プレミアムカーは横1&2列のリクライニングシート車

一般席車は横2&2列の転換クロスシート

京王八王子駅に停車中の京王ライナー5000系。扉は1か所だけ開ける

京王ライナーの座席はクロスシートモードにしているが、途中駅に停車するときは各車とも1扉しか開かないので、無駄な踊り場がある

東急大井町線では編成中の1両をL/Cカーにして混雑時にクロスシートモードの指定席にする。他のL/Cカーもそうだが、ロングシートモードでも快適な座り心地になる

京阪特急の2階建て車両の階下席

1964年登場の1900系も転換クロスシート。京阪の転換クロスシートは1927年登場の600形からずっと受け継がれている

1954年から2013年まで京阪特急にはテレビカーが連結されていた

ラッシュ時はTJライナーとして指定席料金をとるが、閑散時に走る自由席の川越特急では西武新宿線や埼京線との対抗上、L/Cカーをクロスシートモードで使用

京急快特用2100形は乗客が転換できない転換クロスシート車。ラッシュ時には座席指定のウイング号に使用。土休日には1編成中1両だけ座席指定のウイング・シート車が設定される

元祖、近鉄のL/Cカー。ロングシートモード時

コロナ禍のときクロスシートモードにして阪神に乗り入れていた

阪急京都線用3扉転換クロスシート車の9300系の車内

阪神9300系も3扉転換クロスシートの車内

ＪＲの快適通勤車両の事情

ＪＲも首都圏と関西圏では異なる。首都圏では座席保障の通勤ライナーによるライナー料金制は全廃して、すべて全車座席指定の特急に格上げした。また、中距離電車には2階建てグリーン車を2両連結するようにした。さらに中央快速線の全ての快速、特快、通勤特快にも2階建てグリーン車を2両連結する予定である。

10両編成にグリーン車を2両組み込んで12両編成にする。連結位置は東京寄りから4両目（4号車）と5両目（5号車）となる。６＋４の分割10両編成でも6両編成のほうに2両組み込んで12両編成になる。大月駅からの富士急行線は6両編成までなので富士急行線へはグリーン車付8両編成は乗り入れない。8両編成は甲府方面へ延長運転するとされている。

中央線の場合、全車指定の特急「あずさ」「かいじ」「はちおうじ」「おうめ」等が走っているが、最混雑時間帯には走らせられない。そこで通勤特快などを大月以遠甲府駅あたりまで延長運転して、特急の代替にする予定である。この場合、大月以遠では笹子、甲斐大和、東山梨、春日居町を通過する快速運転をすると言われている

関西でも通勤ライナーは全廃して全車指定の特急「らくらくびわこ」「らくらくやまと」「らくらくはりま」を走らすようにした。

それとともに、京阪神間を走る新快速が混雑して座れないという苦情が多いことから12両編成のうち9号車をAシートと称した指定席車にするようになった。全新快速に連結するわけではなく1日12往復の新快速にAシート車を連結する。

首都圏のグリーン車は指定席性ではなく、グリーン車内で立っていてもグリーン料金を請求されるが、Ａシート車では立っている人には座席指定料金８４０円を請求されない。座席横の通路で立つことははばかれるが、デッキ付近には立つ人が多い。とくに米原寄りには大型トイレがあったりするのでデッキは広くゆったりしているので立つ人は多い。とはいえ、Ａシート席が空いていても車内で指定席料金を払う制度にしていないために事前に指定席券を購入しなければならない。

　関西本線の快速、区間快速の朝ラッシュ時上り天王寺方面の最後部車両の一部に「うれしート」

1 豊田車両センターに留置されて出番を待っている2階建てグリーン車群

2 山科駅を発車する新快速2号Ａシート車。3扉車の中央の扉を埋めて座席を増設、全席リクライニングシートとなった

3 Ａシート車へは座らなければ料金は徴収されない

と称した座席指定席車が設定されている。Aシートは特急普通車座席とほぼ同じリクライニングシートだが、「うれしート」は通常の転換クロスシートのままで座席指定にしているために指定席料金は300円にしている。

新快速のAシート車では専任の車掌が各駅に停車するたびに空席に指定席券を持っておらずに座る客をチェックする。「うれしート」車では朝ラッシュ時上りの最後部車に連結しているので通常の車掌がチェックするようになっている。

トイレ側デッキから見たAシート車内

大阪駅到着前のAシート車デッキは超満員

空席に座っている乗客をチェックしている専任車掌

宇都宮ライトレールの軌間は、なぜ狭軌にしたのか

宇都宮ライトレールは2023年8月に開業した最も新しい路面電車である。LRTと称され、国交省やメディアはLRTのことを「次世代路面電車」と訳している。

しかしLRTとはLight Rail Transitとのことで、直訳すると軽量鉄道交通機関となる。LRTはヨーロッパで発案された。日本にこの言葉がやってきた時には軽快電車鉄道あるいは軽快路面電車、軽電車などに訳していた。少し異訳な向きもあったが軽の文字が入っている。しかし次世代路面電車には軽の文字も鉄道、交通機関の文字も入っておらず、かなりの意訳である。

ヨーロッパでは当然、標準軌1435㎜になっている。ところが宇都宮LRTは狭軌1067㎜にしている。

LRTの車両のことをLRV（Light Rail Vehicle）という。基本的に路面から乗り降りやすいように床が低くなっている。そのために左右の車輪は独立させて車軸がないか、あってもかなり特殊な構造になる。駆動のためのモーターは座席の下に収めたりする。そのためにはレールの幅が広い標準軌が最適である。

最初に日本にLRVを導入した広島電鉄は標準軌、次に導入した熊本市電もそうである。それなのに宇都宮LRTは狭軌を採用した。狭軌だとモーター部分を広くとれず通路が狭くなく。設計に工夫を加えて広くはしているが広島電鉄にくらべ狭いいし外観も細長の馬面《うまづら》に見える。

狭軌にした理由は将来的に終点、芳賀・高根沢

工業団地電停から宝積寺方面に延伸してJR烏山線に乗り入れるとともに、宇都宮駅東口からJR線を越えて西進して作新学園方面に延伸、途中で東武宇都宮線と線路を結んで直通運転をする思惑があるからである。

この場合、烏山線と東武宇都宮線の各駅にはLRT用の低床ホームが設置されよう。東武線はともかく、烏山線のほうは圧倒的に多くのLRTが直通し、烏山線の利便性は高まると思われる。

なお、宇都宮ライトレールの平石電停は島式ホーム2面4線、グリーンスタジアム前電停では上下線とも追越用の通過線と停車線があって、快速電車の運転ができるようにしている。

ただし路面電車の最高速度は時速40㎞になっているからそれほど速くならない。しかし、平石－青陵高校前間は道路と併用しない専用軌道区間である。ここで追突しないようにしかるべき信号保安装置を設置すれば、阪神や京阪がそうだったように新設軌道にすることができる。新設軌道であれば普通の鉄道路線のように時速100㎞の走行ができる。

烏山線の多くの電車が宇都宮ライトレール経由になっても、LRTに新設軌道として快速が走れば宇都宮駅への速達性は損なわれないし、宇都宮ライトレール沿線は商業設備が林立しており、かえって利便性が高まることになる。

JR東北線の西側には路線バスが多く走っている。そこにLRTの軌道が割り込むと車線が狭まり不便になると反対論も強い。しかし。LRTの輸送力はバスの3倍以上にできる。

軌道法によって1列車の編成の長さは40m以内と制限されているが、ヨーロッパのLRTは60m以上の長さがあって、バスの輸送力を大きく上回る。各拠点でバスとスムーズに乗り換えができるトランジットセンターを置いている。

現実に開業中の宇都宮LRTの宇都宮大学陽東キャンパス、清原地区市民センター前、芳賀町工業団地管理センター前の三つの電停にトランジットセンターを置いてバス&ライドによって、軌道と共用する道路を走る路線バスをかなり減らして

宇都宮ライトラインの車両（LRV）の正面形状は細面

車庫がある平石電停は追越可能なように島式ホーム2面4線になっている

狭軌の車輪を座席下にモーターを収納しているために車内幅は狭い

グリーンスタジアム電停の上下ホームは下り線が起点寄りで斜向かいに配置され、いずれも島式ホームになっていて待避追越と折返しが可能。写真は上り線側で左側のホームに面していない線路は下り線

起点宇都宮駅東口電停は終端部の先で左に大きくカーブしてJR宇都宮駅を乗り越して西口に向かう予定

道路交通もスムーズに通行できるようになっている。

西側にも各地に設置すればバスの走行便数はかなり減って、現在よりも交通渋滞が解消されると思われる。東武宇都宮線からJR駅方面、あるいは作新学園方面への路線バスも不要になる。

他の交通機関、なかんずく路線バスとの連携がLRTの特徴を生かす鍵になり、そうすることによって道路交通の渋滞も解消されて都市環境もよくなる。宇都宮が首都圏で最初のLRT路線の試金石になって各地に導入されることを期待したい。

終点芳賀高根沢工業団地電停の1番線の奥は横断歩道橋の階段がある。将来宝積寺駅まで延ばすときは2番線から単線で敷設して建設するかもしれない

芳賀高根沢工業団地電停に停車中のLRV、見るからに細面の顔になっている

標準軌の広島電鉄LRVは幅が広く細面に見えない

ウィーントラムに見るヨーロッパのLRT事情

ウィーンだけでないけれどヨーロッパの各都市ではLRT網が発達している。多くのLRTは6車体程度の連接車両、しかも終点や途中での折返はループ式になっているから、運転席は前だけの一か所、乗降ドアも右側通行だから右側にだけしかない。要するにバスと同じで、通常は片方向にしか進まない。だから運転席は1か所、出入口は歩道側だけでいい。

日本では編成の長さは基本的に40m以内とされているが、ヨーロッパではもっと長く60mを越えているのが当たり前、中にはこれを2編成連結することもあり、輸送力は相当なものになる。

そうすると日本のバスと同じように終着バスターミナルでは運賃収受のために運転席横の運賃収受箱に運賃を支払ったり、カードをかざしたりして降りるのに時間がかかって大変だと思わ

ウイーンをはじめヨーロッパのトラムは右側通行。さらにバックして折り返さない

運転席は先頭のみ、扉は進行方向右側だけ

中間電停での折返もループ線を造って行う

進行方向左側には扉はない

折り返しはループ線による

真横から見る。乗降時に切符のチェックはない

古い車両では先頭2両が電動車、後部にトレーラー車を連結する。ループ折り返しなのでトレーラーの付け替えはない

最後部には運転席はない

れがちだが、あにはからんや全ての出入口が開いて、客はなにもせずにそのまま乗り降りする。

　切符は乗る前に事前購入して、乗るときに本人の手によって刻印機に捺印するだけ、降りるときはそのまま持ち帰ったりする。また、24時間券などがあって、これだと捺印も不要である。これを信用乗車制度といい、大量の乗客が降車する電停でも降車に時間がからない。通常の鉄道路線もそうで各駅に改札口はなく自由に出入りができる。

　律儀な日本人が乗る公共交通機関は必ずと言っていいほど乗るときと降りるときにチェックされる。それなのに海外では、あまりマナーを守りそうもないといえば失礼だが、そういった国々の人々が乗る公共交通機関のほうが信用乗車制度をとっている。反対であってしかるべきなのに、日本では徹底的に運賃をチェックしている。

　日本でLRT網が発達している広島電鉄市内線の広島駅前ターミナルでは朝のラッシュ時に一斉に各ドアを開いている。やはり降車に時間がかかるからだが、ドアの前のホームには移動式運賃収受箱を置いた係員が待っている。客は運賃を投入するか定期券を含めたカードをタッチしている。

　これもいいが、降りる客にとってはひと手間かかるし、移動式運賃収受箱も多数必要で、係員の人件費などを考えると不経済である。

　ヨーロッパのように信用乗車制度を採用したほうが、よほど合理的である。ただ、ヨーロッパでも無賃乗車する人がいないとはいえない。そこで抜き打ち的に車内検札をして無賃乗車した人は不正運賃の何十倍に罰則金（日本では3倍）を支払わされる。これによって不正乗車する人はほとんどいないという。

成田空港の近くにある芝山鉄道芝山千代田駅は九十九里浜方面への延伸準備がしてある

芝山鉄道は京成東成田駅を起点に成田空港の地下を単線で通って空港外に出ると高架になって芝山千代田駅がある。東成田—芝山千代田間の距離は2・2㎞、単独の旅客輸送の通常鉄道の私鉄としては日本一短い鉄道である。

京成東成田駅は成田空港が開港したときに京成成田空港駅として開設された。現在もそうだが、東成田駅は空港施設外にある。成田空港への直接アクセス路線として、建設中止になった成田新幹線の成田空港内の路盤を利用して、JRは成田駅から、京成は空港線の成田空港分岐点から、ほぼ完成していた成田空港駅と空港第2ビル駅に乗り入れた。

これによって京成空港線成田空港駅は空港ターミナルから遠いために空港客輸送のお役御免となって、駅名も東成田と改称した。

成田空港開港時には唯一の鉄道アクセス線だったために、中形車10両編成が発着できる島式ホーム2面4線とした大きな地下駅である。その1面だけを使用して京成成田—東成田間に申し訳程度の電車が運転されていた。残る島式ホームはほとんど使用されず、使用されていないホーム側の壁の駅名表示板は今も京成成田空港のままである。

東成田駅が空港敷地外とはいえ、各種空港関連の施設が置かれて、そこに行くには東成田駅のほうが便利だからである。

その東成田駅から芝山千代田駅への延伸は成田空港開港によって不便になる成田空空港東側およ

1

東成田寄りから見た芝山千代田駅

び南側の地区の利便性をよくするために、すでに京成成田空港駅時代の昭和末期から芝山地区への延伸が検討されていた。そのため芝山鉄道の設立は１９８１年（昭和56年）である。

しかし、京成とＪＲの成田新幹線路盤乗り入れなどに費用と時間がかかり後まわしにされて、芝山鉄道の開業は１９９２年と11年かかっている。

芝山鉄道は芝山千代田駅から南下して九十九里浜の蓮沼海岸方面への延伸計画がある。実際にはどのようなルートでどのような形で延伸するかは決まっていないが、東成田─芝山千代田駅間は地下線建設費を軽減するために単線になっている。このことから芝山千代田駅以南では高架複線にすると考えられている。また開設された芝山千代田駅は位置的には諸施設から離れている。

とりあえず、もう少し便利な位置に芝山千代田駅を移設することも含めて、片面ホームの芝山千代田駅の終端側は少し伸びている。しかも伸ばした線路の部分は行違線か複線が設置できるように膨らんでいる。

ホームの端からそれを見てもわかりにくいが、隣接する空港内のビルの屋上から芝山千代田駅を俯瞰すると、あきらかにその構造になっているのがわかる。

終端部は一応延伸できるようになっていて、右に曲がる道路と並行して進むとされている。しかし、延伸準備構造はよくわからない

成田空港内ビルの屋上からみた芝山千代田駅。ホームの先で高架複線路盤になるように準備して止まっている

地下鉄とは

一概に地下鉄といっても銀座線の渋谷駅や丸ノ内線の茗荷谷駅、後楽園駅のように高架や掘割、地上を走っている区間もある。各都市で地下鉄が計画されたとき都市高速鉄道、あるいは高速電車と称されていた。そしてこれは現在でも称されている。

ここでいう高速鉄道あるいは高速電車とは新幹線のように時速200㎞以上で走る鉄道を指すのではない。都市高速鉄道が考えられ始めた大正末期から昭和初期にかけて、都市内の移動のための交通機関は路面電車だった。

ところが、都心部では荷馬車や歩行者で道路は非常に混んでいて、路面電車はまともに走れず遅れに遅れを重ねる。そうすると各路面電車は非常に混雑して、かつ遅い。「東京名物満員電車」と言われるほどだった。

歩行者や荷馬車に煩わされずに走るには高架か馬車が立ち入ることができない専用軌道にするのがいい。前述したようにこのため山手線や中央線の東京―中野間に高速電車の運転が開始された。しかし、高架鉄道はうるさいし、専用軌道を確保するには用地の買収が必要である。

簡単に専用軌道を確保するには道路の地下を通る鉄道である。そこで東京ではまず上野―浅草間に地下鉄が開通したのである。

その後、東京市などは専用軌道の路線網を検討した。主として道路の地下に専用軌道を通すことにしたが、道幅が狭く地下鉄を通すことができない区間が生じた。そこで用地の買収が可能なところでは、主として高架にした専用軌道も採用することにした。そのために都市高速鉄道あるいは都市高速電車という名称が使われるようになった。

東京市高速鉄道調査委員会案（大正8年）

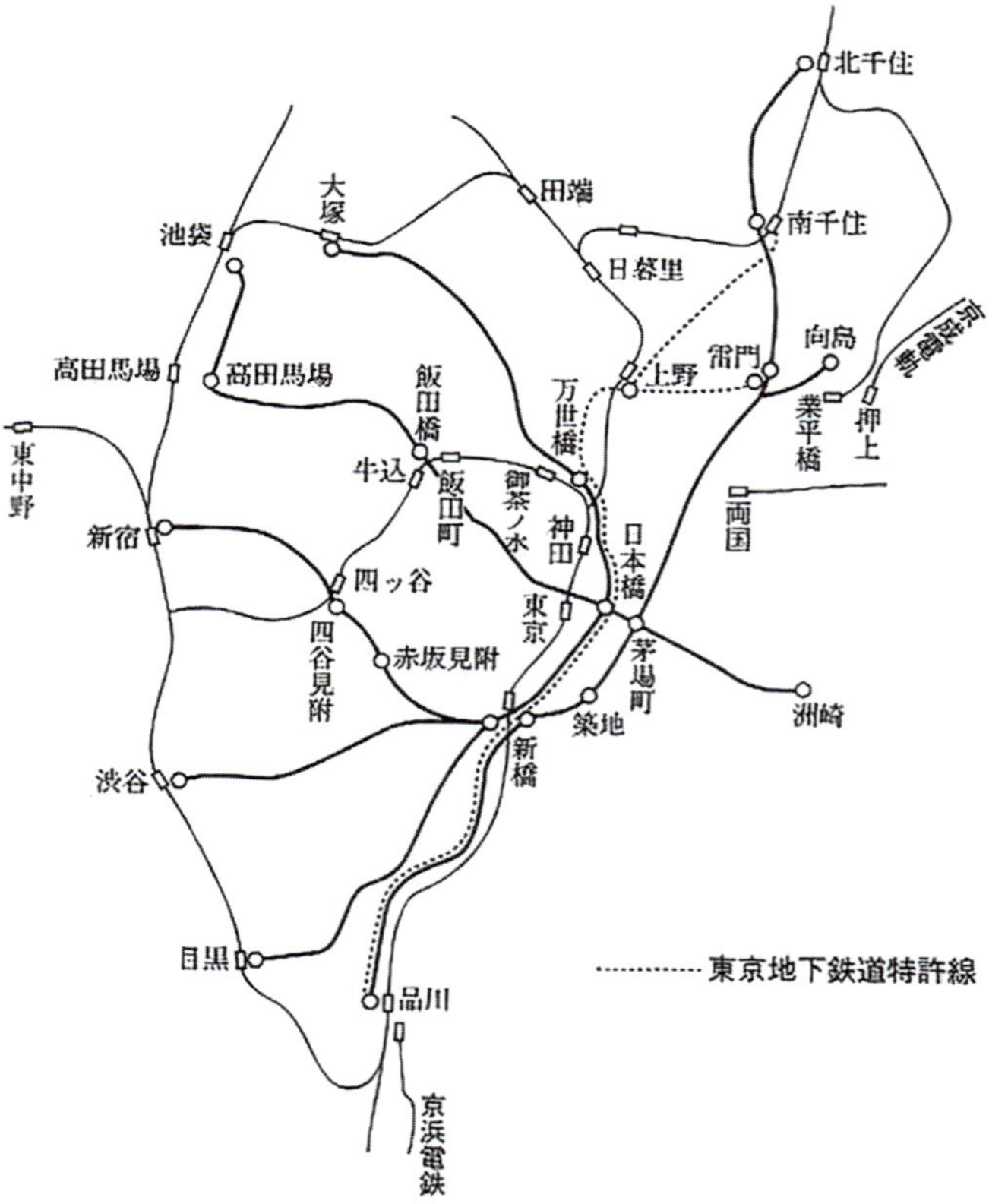

山の中のトンネルを走る線路と地下鉄の違い

高速鉄道のなかに地下鉄が入るが、では山岳地をトンネルで貫く鉄道と何が違うのかという疑問が出てくる。飯田線を建設した伊那電気鉄道の路線はトンネルだらけだったので、伊那の地下鉄と称されていた。しかし、これは地下鉄ではない。地下鉄は都市の交通機関として造られた。このため基本的に道路の地下に線路と駅がある。

だから上越線の山岳トンネルである新清水トンネル内にある下り線の土合駅は地下トンネルの駅であっても地下鉄の駅ではない（上り線は清水トンネルと第４湯檜曽トンネルの間の地上に駅がある）。

それと多くの人が乗る地下鉄は防災対策をしっかりとっている。山岳トンネルでもそれは行っているものの、火災対策からみると走ってはいけない蒸気機関車も走ることは可能なのに対して地下鉄（海外では例外があるが）では火災対策に神経をとがらしており、乗客の避難誘導においても、迅速に安全にできるように車両もトンネルも対策されている。さらに国土交通省の前身の運輸省鉄道局も「地下鉄道に関する防災対策」についての省令を定めている。

この省令に基づいて造られた地下路線が地下鉄といえる。しかし、どこの鉄道でも例外基準というものがあって、過去において、各種のしがらみから、「やむを得ない場合はこの省令の基準に従わないでもすむ」という例外基準を定めていた。しかし、例外基準を許可された地下鉄道も、現在は厳密に省令に準じた基準で造り変えられている。

しかし、東京の湾岸部を走る東京臨海高速鉄道の東雲─東京テレポート（厳密には臨海高速分岐部信号場）間は地下鉄ではなく、山岳トンネルと同じ扱いになっている。

同地下線は京葉線の一部区間であり、武蔵野線とともに東京外環状鉄道として建設されたもので、貨物線のトンネルとして建設された。このため貨物列車など難燃構造でない車両も走ってもいいように山岳トンネルと同じ基準で造られている。だから、極端に言えば蒸気機関車も走ってもいいようになっている。

これは相模鉄道の新線である、新横浜線西谷─羽沢横浜国大間も山岳トンネル扱いである。JR埼京線の電車が乗り入れている。車両自体は極難燃構造といって自ら燃えることがない素材を使っているが、地下鉄車両として必須の条件である運転席正面に避難用の扉が付いていない。これがないと地下鉄線を走ることができない。そのため山岳トンネル規格、いや実際に山岳トンネルで西谷トンネルが建設された。

相鉄新横浜線の西谷─羽沢横浜国大間は山岳トンネルで地下鉄仕様でないJR埼京線車両も走ることができる

相鉄・東急新横浜線は地下鉄線となっている。このためJR埼京線電車は入線できない

日本最北の地下鉄線路は北海道北見にある

都市内の交通機関を地下鉄とみなすと北見市内を走る石北本線北見―西北見間も地下鉄である。東京臨海高速鉄道と同じ山岳トンネル基準で造られ、現在の旅客列車はすべて内燃車のディーゼルカーが走る。難燃構造にはなっているものの、大量の軽油タンクを搭載しているディーゼルエンジンで走る。

しかし、山岳トンネル基準で造られたとはいえ、連続立体交差事業により地下化されたために道路の地下を走る。このことからすると地下鉄道であり、トンネルの坑口断面はまさに開削工法による地下線である。

ここを普通列車のほかに特急「オホー

北見駅寄りから見た連続立体交差事業による開削工法で造られた北見トンネル。入口は騒音防止のためにコンクリートで覆われ地上に坑口があるが、徐々に下がって奥の陸橋の向こうでは完全に地下線になっている。左の引上線がふるさと銀河線の本線だった

ツク」や道東の玉ネギを運ぶ貨物列車も走る。

なお、北見駅の網走側も連続立体交差で立体化されたが、こちら側は高架になっている。

北見駅の網走側の柏陽駅付近は高架になっている

北見トンネルの西北見駅寄り坑口

日本最初の地下鉄道は銀座線の上野—浅草間ではない

日本で最初に地下鉄道として開業したのは東京地下鉄道の上野—浅草間（現銀座線）とされ、1927年（昭和2年）12月の開通である。しかし、それよりも2年半前の1925年（大正14年）6月に宮城電気鉄道が仙台駅西口地下に仙台駅を建設して、東北本線を横切ってから地上に出て塩釜駅まで開業した。

単線地下線ながら都市地下鉄として最初に開業したのは宮城電気鉄道の仙台付近である。その後、同電鉄は国鉄に買収されて仙石線になり、運転本数も増えたので仙台駅東口にホームを設置して、一部の電車は東口ホームで折り返すようにした。やがて単線地下線では運転本数に限りがあるとして、すべて東口ホーム発着に統一して、単線地下鉄線は構内の乗り換え地下通路に使われて廃止した。この通路は平成になってからも残っていたが、仙台駅改築後は拡幅されて面影はなくなってしまった。仙台駅東口ホームを仙石線の仙台発着ホームにしたものの、仙石線の起点は仙台西口地下駅のままにして変更されなかった。

その後、連続立体交差事業によってあおば通—陸前原ノ町間が地下化された。仙台駅を通り越してあおば通駅が起点になっているが、あおば通—仙台間を新線区間とはせず地下化区間の一部にしている。その理由は仙石線の仙台西口地下駅をあおば通駅と同じ駅とみなして、既存の路線を立体化することで、連続立体交差事業の条件を満たしたからである。連続立体交差事業は事業費の9割程度を国と自治体が出費する道路事業なのである。

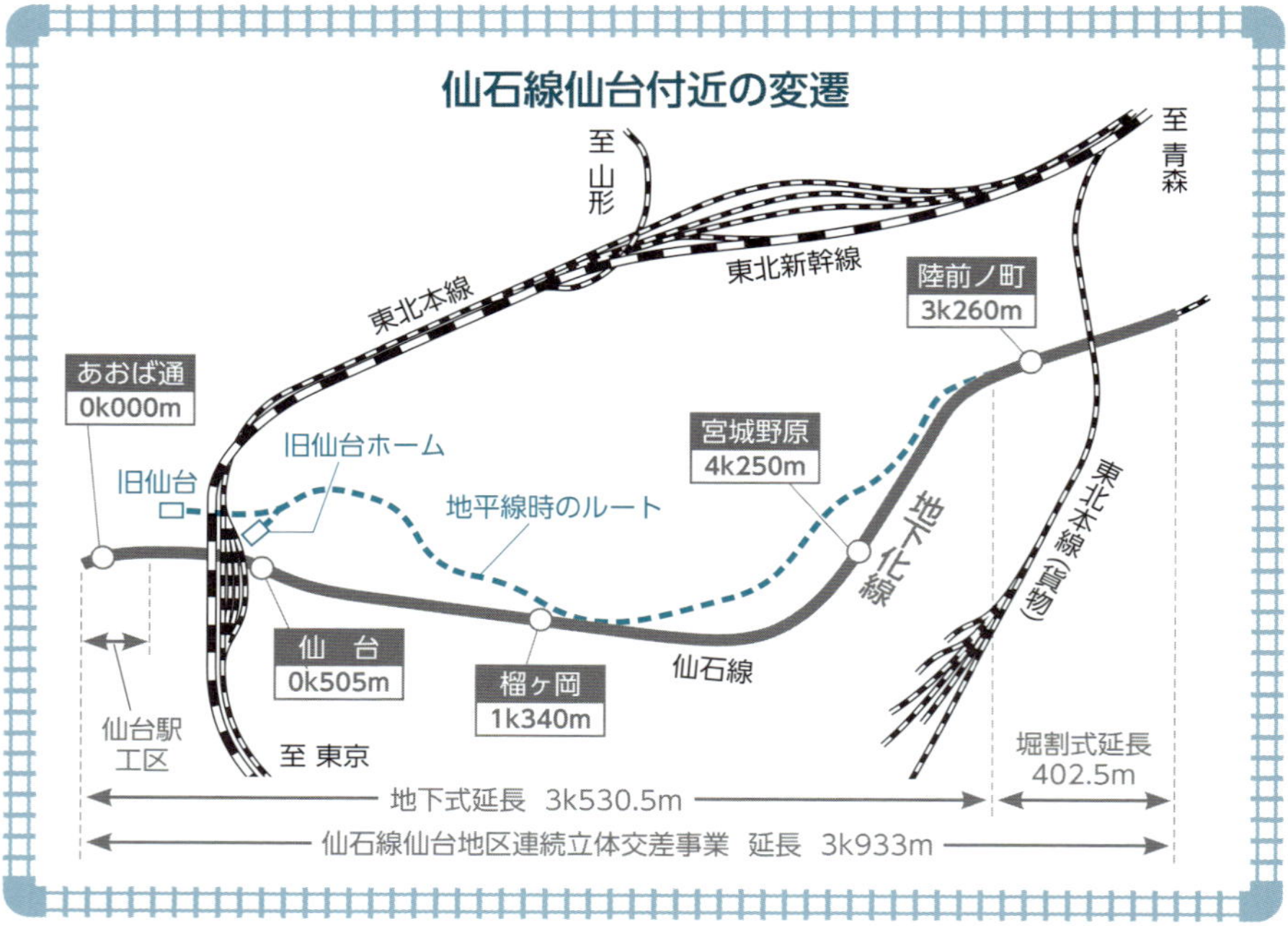

あおば通駅は仙石線が仙台付近の地下化で新しい起点駅になったが、新駅として取り扱われていない

日本で一番短い地下鉄路線はどこなのか

都市高速鉄道は都市内交通機関なので、営業路線はそれなりの距離がある。しかし、中には種々の理由で短い路線がある。

東京では丸ノ内線の中野坂上駅から分岐している方南支線の3・2km。途中に方南車庫（中野検車区）があるため荻窪方面とは別に支線を設けた。

もう一つは千代田線の綾瀬―北綾瀬間2・1km、当初は3両編成だったが、北綾瀬駅に車庫があるために入出庫を含めて10両編成の電車が走る。

綾瀬―北綾瀬間は都市高速鉄道線だが、同区間は高架になっているので地下鉄線とはいえないし、かつては代々木上原―綾瀬間の本線と区別して綾瀬支線と言われていたが、10両編成が停まるようになって綾瀬―北綾瀬間も本線に含まれるようになった。

では、一番短い地下鉄路線はどこかというと名古屋市営地下鉄の上飯田線平安通―上飯田間0・8kmとされる。上飯田駅で名鉄小牧線と接続して相互直通運転を行っている。平安通駅で地下鉄名城線と連絡して小牧線の名古屋都心へのアクセス線として機能している。

将来的には平安通駅から桜通線高岳駅を経て中区の丸田町までの延伸計画がある。しかし、名古屋市の都市規模からして延伸は不可能ということで計画だけのままずっと推移している。

この上飯田線が一番短い地下鉄とされているが、これは名古屋市交通局という公共企業体としての地下鉄線として一番短い地下鉄ということである。

もっと短い地下鉄線は神戸市にある。神戸高速鉄道南北線新開地―湊川間0・4kmである。神戸高速鉄道は半官半民の第3セクター鉄道で、線路を保有する第3種鉄道事業者である。直接の運行は同区間を第2種鉄道事業区間としている神戸電鉄が行っている。神戸電鉄は同区間を神戸高速線としており、湊川―有馬間の有馬線とは区別している。

神戸電鉄の有馬線と粟生線の電車が直通し、実質的には新開地駅が神戸電鉄の神戸ターミナルで、同駅でやはり神戸高速鉄道が第3種鉄道事業の東西線と連絡し、第2種鉄道事業者の阪神電鉄と阪急電鉄、それに姫路方面から乗り入れてくる山陽電鉄と連絡している。

この南北線について開業当初は神戸電鉄に正面非貫通の地下鉄防災基準に則っていない車両も乗り入れていたために地下トンネル扱いだった。さらに第3種鉄道と第2種鉄道とに事業主体が分かれていることから、完全な地下鉄線とは言い難いが、都市高速鉄道としての地下鉄線とは言える。だから同線が日本で一番短い地下鉄である。

1
上飯田駅寄りから見た上飯田駅

2
神戸高速鉄道南北線の新開地駅から見た湊川駅。駅中心間距離は0.4㎞しかない

朝ラッシュ時の京葉線は千鳥式運転でだれもが幸福になれる

京葉線では朝ラッシュ時上りの快速が混んでいて各停は空いていた。そこですべて各停にして混雑列車の平準化を行った。

これに対して利用者から所要時間がかかるとの苦情が出ている。それだけでなくすべて各停にするということは、運用する車両や乗務員の数が増える。増やさずにしたとすれば輸送力が落ちて、全ての電車が混むということになってしまう。事実、全部の電車が混んでいて、従来空いていた各停利用者から不満が出ている。

それならば、全ての電車を快速にしてしまえばいい。そうすると各停がなくなって不便になると思われようが、快速の停車駅を色々分けて各駅に必ず停車するようにする。この手法を千鳥式運転あるいは千鳥停車という。

千鳥という鳥は急に早く歩いたり、急に遅く歩いたりする。つまり、ある区間は各駅に停車し、ある区間は通過運転をする。そのことが千鳥の歩み方と同じだから千鳥式運転というようになった。また、酔っぱらいがあっちこっちにふらついて千鳥足で歩くことから、列車種別によって停車駅を変える運転方式を千鳥停車という。

千鳥式運転は阪神電鉄が1919（大正8）年6月に採用した。当時は電車の連結運転はなく、単行（1両）運転をしていた。しかも車両数は66両しかなく、全列車を速く走らせるために千鳥式運転を採用した。

梅田―尼崎間を1号区、尼崎―香枦園間を2号区、香枦園─御影間を3号区、御影─三宮（当時の三宮駅は現神戸三宮駅からやや南下した滝道にあった）を4号区とし、各電車の先頭に1─3、2─4、1─2─4や1─3─4などの表示板を出して、番号の区間の各駅に停車する方式を行った。とはいえ、野田、尼崎、西宮、香枦園、御影、東明（当時あった東明車庫の最寄り駅で現在の新在家駅の大阪寄り）には必ず停車した。

それまでの各駅に停車していたときの梅田─滝道間の所要時間は62分だったのを千鳥式運転によって58分に短縮、車両運用に余裕が出て運転間隔も短くできた。これによって混雑は緩和されたものの、連結運転が必要だということで、その後、梅田─青木間で2両連結運転を開始してさらに混雑を緩和した。

1921年に全線で2両連結運転が認可され急行運転も開始して千鳥式運転は中止した。

1933（昭和8）年になると特急の運転を開始した。8分サイクルに特急、急行、普通が各1本運転されたが、その後、6分サイクルに特急と普通を運転、元町延長線が開通すると7分サイクルと1分ほど間隔が延びたが、ラッシュ時には梅田─西宮間と青木─三宮間に臨時急行が運転されるようになった。

特急の停車駅は野田、尼崎、甲子園、西宮、芦屋、御影、三宮であった。臨時急行は梅田─西宮間の運転で出入橋（1947年廃止）、福島、野田、千船、杭瀬、大物、出屋敷、久寿川、西宮東口（2001年廃止）。青木─三宮間を運転する臨時急行もあり、停車駅は魚崎、新在家、春日野道だった。

特急が停車する尼崎、甲子園、御影には臨時急行は通過する千鳥停車方式をとり、混雑を分散したのである。

戦後の1954年には特急の運転を復活したが停車駅は三宮だけ、急行は戦前の特急と同じ野田、尼崎、甲子園、西宮、芦屋、御影、三宮とした。1960年に特急は西宮、芦屋、御影にも停まるようになった。朝夕ラッシュ時には急行のほかに区間急行と準急が運転されていた。時期によって異なるが、ほとんどの準急は尼崎駅を通過していた。御影駅、さらに高速神戸まで延長運転されるようになったときには芦屋駅も通過している。

そのころ、国鉄がＪＲになって新快速のスピードアップなどをして並行私鉄の乗客を奪った。それに対抗するために阪神も梅田―西宮間運転の急行を三宮駅まで延長運転して快速急行に変更した。梅田―三宮間で特急の停車駅の基本は西宮、芦屋、御影だったが、快速急行は野田、尼崎、甲子園、西宮とし西宮―三宮間はノンストップにした。これによって大阪―三宮間の昼間時の速達電車は12分間に2本、1時間に10本の運転として、ＪＲの新快速と快速が15分に各1本、1時間に8本よりも運転本数増やして対抗した。これも速達列車の千鳥停車方式である。

そして現在の阪神も、特急や快速急行が停車す

御影駅に停車中の区間特急。朝ラッシュ時上りに運転され西宮駅を通過する

朝ラッシュ時を除いて芦屋駅を通過する近鉄車を使う快速急行

京王線の急行は高尾線内では特急より停車駅が少ない

る西宮駅を区間特急が通過して区間特急の混雑を緩和するとともに、西宮駅を通過することによって区間特急を少しでも速くして、特急や快速急行が区間特急に邪魔されて所要時間が延びないようにしている。以前走っていた準急が尼崎や芦屋を通過していたのも同様な理由からである。

朝ラッシュ時を除く昼間時以降の快速急行は、特急が停車する芦屋駅を通過する。芦屋駅の場合、大阪寄りと神戸寄りの両端に踏切があって、朝ラッシュ時以降で走りはじめた一部の快速急行の8両編成が停車できるホームの長さがないためである。とはいえ、芦屋通過によって1分ほど所要時間が短縮している。

特急停車駅の御影駅も快速急行は終日にわたって通過している。同駅のホームはカーブしていて快速急行には車体が長い近鉄車も使用しており、停車すると車体とホームの間が大きく隙間が空いてしまう。そのため通過しているという理由であっても千鳥式運転している。

千鳥式運転の伝統がずっと引き継がれているのが阪神電鉄なのである。

千鳥停車は西武池袋線と京王線でも行われている。池袋線の急行や快速急行、快速が停車する、ひばりヶ丘駅を朝ラッシュ時上りで運転される通勤急行が通過する。その代わりに急行や快速急行が通過する保谷駅や大泉学園駅に停車する。これによって保谷駅と大泉学園駅も朝ラッシュ時上りで速達サービスが受けられるようになっている。

京王でも朝ラッシュ時上りに高尾山口発の急行が運転されている。特急は高尾線内各駅に停車するが、急行は高尾駅とめじろ台駅に停車するだけである。

以前は特急も高尾駅とめじろ台駅だけ停車していたが、近年のダイヤ改正で高尾線内各駅に停車するようにして高尾線内の各駅の利便性を高めた。このとき急行も各駅に停車させてもよかったが、朝ラッシュ時のピーク時間帯には特急が走らないことと各停の運転本数も多いことから、急行は従来通り高尾とめじろ台の両駅にだけ停車するままにした。

高尾駅から新宿駅までの停車駅は特急が狭間、めじろ台、山田、京王片倉、北野、高幡不動、聖蹟桜ヶ丘、分倍河原、府中、調布、千歳烏山、明大前、笹塚の13駅、急行はめじろ台、北野、高幡不動、聖蹟桜ヶ丘、分倍河原、府中、東府中、調布、つつじが丘、千歳烏山、桜上水、明大前、笹塚と特急と同じ13駅に停車する。

意図して千鳥停車にしたわけではないが、これによって高尾駅から新宿駅までの急行の朝ラッシュ時の所要時間は特急とあまり違わなくなっている。

北陸新幹線の金沢―敦賀間でも「かがやき」は福井のみ停車以外に、工業都市の小松駅では東京出張、あるいは東京からの出張客がある早朝、深夜には同駅にも停車、観光客が利用する芦原温泉駅と加賀温泉駅は通過する。逆に観光客が利用できる時間帯には小松駅を通過して芦原温泉駅と加賀温泉駅に停車させるという千鳥停車を行っている。

京葉線に千鳥式運転あるいは千鳥停車を取り入れるとすれば、蘇我―南船橋間と南船橋―東京間に分けた快速を運転し、さらに特別快速として千葉みなと、南船橋、舞浜、新木場、八丁堀に停車させる。

その特別快速の前にA快速として南船橋まで各駅、市川塩浜、新浦安、新木場、越中島、八丁堀に停車させ、南船橋―東京間は特別快速に先行走行する続行運転をする。

さらに南船橋駅まで海浜幕張駅のみ停車して南船橋駅から各駅に停車するB快速を走らせる。蘇我―南船橋間は特別快速の後を走る続行運転をさせる。千鳥停車するために続行運転区間では運転間隔を短くできる。

これに武蔵野線からの直通電車を市川塩浜、舞浜、葛西臨海公園、新木場、潮見、八丁堀停車のC快速として東京駅まで走らせる。これを10～15分サイクルで運転する。

そうすることによってとA、B、Cの3種の快速は互いに抜かされず、全電車に平均した混雑率になるとともに、速達性もよくなる。

すべて各駅停車にせず、すべて速達電車になり、全体的に速くなるとともに運用本数も減ることになる。千鳥式運転を京葉線で実現させてもいいように思える。

京葉線東京駅を発車する各駅停車新習志野行き

朝ラッシュ時の上り京葉線はほとんどが各停で運転される

著者　川島　令三（かわしま　りょうぞう）

1950年兵庫県生まれ。芦屋高校鉄道研究会、東海大学鉄道研究会を経て、鉄道専門出版社電気車研究会に入社、鉄道技術専門誌「電気車の科学」編集担当。その後参議院運輸委員会参与を経て、現在、鉄道アナリスト、早稲田大学非常勤講師。草思社から1986年に刊行された最初の著書『東京圏通勤電車事情大研究』は通勤電車の問題に初めて本格的に取り組んだ試みとして大きな反響を呼んだ。筆者の提案した案ですでに実現されているものが多数ある。著書は上記のほかに『新幹線事情大研究』、『全国鉄道事情大研究』（シリーズ全30巻）、『なぜ福知山線事故は起こったのか』、『関西圏鉄道事情大研究』（ライバル篇と将来篇）、『首都圏鉄道事情大研究』（ライバル編、将来篇、観光篇）（いずれも草思社）、『全線・全駅路全配線』（シリーズ全52巻と特別編として全国新幹線スペシャル、首都圏近郊スペシャル、京阪神スペシャルほか5巻）、日本VSヨーロッパ「新幹線」戦争』、『鉄道配線大研究』（いずれも講談社）、『全国未成線徹底検証』（国鉄編と私鉄編）、『配線から読み解く鉄道の魅力』全5巻（いずれも天夢人）など210冊を刊行。

撮影：富田　康裕

知って自慢できる 日本の鉄道㊙雑学

2024年9月20日　初版第1刷発行

著　　者　川島　令三
発 行 者　石井　悟
発 行 所　株式会社自由国民社
〒171-0033　東京都豊島区高田3丁目10番11号
電話　03-6233-0781（代表）
https://www.jiyu.co.jp/
印 刷 所　奥村印刷株式会社
製 本 所　新風製本株式会社
カバー　株式会社エディング
本文デザイン・DTP　株式会社シーエーシー
編集協力　坂　正博
編集担当　宮下　啓司